estar juntos es lo más importante

Verbunden zu sein ist das Allerwichtigste
Spanisch

malbat   **Familie**

tenduristî   **Gesundheit**

pêşeroj   **Zukunft**
                  Kurdisch

JA KOCHAM Muttenz

Ich liebe Muttenz
Polnisch

Всеодно життя чудове

Das Leben ist trotzdem schön
Ukrainisch

நீ அழைக்கப்பட்டாய்.

Sie sind eingeladen
Tamil

 Crois en toi   Never give up.

Glaub an dich
Französisch

Gib nie auf!
Englisch

ף ℮ ℮ ℛ ℮ ℨ ℮ ℅ ℅

Das Wort der Bibel
Amharisch

vapaus   Freiheit

Luomiskyky   Kreativität

itsenäisyys   Selbständigkeit

tyytyväinen   **Zufrieden**
                Finnisch

Özgürlük   Freiheit

Insan Hakları   Menschenrechte

Cesaret   Mut

Samimiyet   Aufrichtigkeit
                Türkisch

Was ich anderen erzählen möchte – vom Weggehen und Ankommen

Frauen erzählen von ihren Migrationserfahrungen und ihrem Leben in der Schweiz

Herausgegeben von Heike Wach in Zusammenarbeit mit Cécile Speitel

«Sie wollten die fremde Identität in Wut wegwerfen, doch dann zerschnitten sie diese in Streifen, in Vierecke, in Dreiecke und nähten die Stücke aus Wolle, Seide, Baumwolle, Spitze aneinander zu grossen farbigen Decken, in die sie sich einhüllten. Die Wärme des selbst erschaffenen Patchworks konnten sie annehmen, darunter bewahrten sie sich ...»

Irena Brežná
Die undankbare Fremde

Inhaltsverzeichnis

Essays

Anhang

Einleitung

Ich möchte meine Geschichte erzählen – dieser Satz wurde zur zündenden Idee für das vorliegende Buch. Im Café International, Treffpunkt für Frauen aus aller Welt in Muttenz, hatte ich die Besucherinnen nach ihren Ideen und Anliegen für das kommende Jahr gefragt. Ressourcen sichtbar zu machen, zu aktivieren und aufzuzeigen, dass jeder Mensch wertvoll ist und Diamanten in sich trägt, ist explizites Ziel des Café International, welches ich im Jahr 2011 in Muttenz gründete. Das Erzählen ist Teil des sich Kennenlernens, des Miteinanders, wo sich Menschen in ihrer Ganzheit begegnen. Die Frauen erzählen vom Weggehen, aber mehr noch von ihren Erlebnissen beim Ankommen und dem täglichen Leben hier in der Schweiz. Die Vernetzung untereinander und mit den Menschen aus Muttenz soll die Verständigung und das Verständnis miteinander stärken. Daher werden, ausgehend von den Ideen der Frauen, Projekte lanciert, beispielsweise das Kinderprojekt «Bewegung in der Natur macht mich stark», der wöchentliche Fitnesstreff im Park oder das Film- und Kochprojekt «Potpourri». An solch einem Filmabend lernte ich die ehemalige Radiojournalistin Cécile Speitel kennen. Aus unserer Begegnung entstand der gemeinsame Wille, in einem Buch migrierte Frauen mit ihren Lebenserfahrungen zu portraitieren.

Aus den vielen Biografien der unterschiedlichen Frauen, die das Café International besuchen, haben wir gezielt eine Auswahl getroffen, welche die Diversität widerspiegelt hinsichtlich einiger Faktoren, die uns wichtig erschienen: das Alter, der Bildungshintergrund, die Art der Migration, die Herkunftsregion, der Aufenthaltsstatus, individuelle Charaktereigenschaften sowie ihre Erfahrungen mit dem Ankommen hier in der Schweiz. Im Wissen um ihre Geschichte interviewten wir auch zwei Frauen, die wir als Nachbarinnen kennen.

Allen gemeinsam ist, dass sie ihre Herkunftskultur in sich tragen und mit dem Leben in der Schweiz ihren Blick erweitert haben. Die einzelne Frau für das Portrait zu gewinnen, war, entsprechend ihrer Biografie, entweder einfach, oder benötigte sorgsame, wiederholte Annäherung. Nilgün Özdal und Margarita Gonzales Roca Krattiger hatten schon zuvor den Plan, ihre Erlebnisse zu veröffentlichen. Andere Frauen bestärkten wir darin, ihre Geschichte sei wertvoll, sie könnten damit andere Menschen bereichern und ermutigen. Dabei sind wir als Initiatorinnen uns bewusst, dass wir stets auch in unseren jeweiligen gesellschaftlichen Rollen agieren und kommunizieren. Der Wunsch, dieses Buch zu realisieren, kam von mir als Koordinatorin des Café International, die Frauen nahmen die Anregung auf und stiegen darauf ein.

Im Zeitraum 2021 bis 2024 führten Cécile Speitel und ich zehn Gespräche mit Frauen über ihre unterschiedlichen Gründe, weshalb sie weggegangen und wie sie in der Schweiz angekommen sind. Beim Gespräch unterschieden wir drei Ebenen: das Leben im Herkunftsland, den Weg in die Schweiz und das Ankommen und sich hier Einleben. Was sind Meilensteine, und welche Kraftquellen nutzen die Frauen? Cécile Speitel kannte die meisten Frauen vorher nicht und stellte neben den geplanten Fragen auch solche, die sich situativ ergaben. Dadurch nahm jedes Gespräch seinen eigenen, individuellen Lauf. Zur redaktionellen Gestaltung des Portraits entschieden wir uns für die Erzählung der Frau in Ich-Form, angelehnt an das Interview, mit notwendigen Kürzungen.

Jede Frau war aktiv in die Entstehung des Portraits und dessen Bearbeitung eingebunden. Sie sollte, so weit wie möglich, die Kontrolle über diesen Prozess behalten, bis zum Schluss sollte es ihre eigene Geschichte bleiben. Bereits im Vorgespräch für das Interview machten wir sie mit unseren Hauptfragen vertraut. Dadurch hatten sie Zeit, sich damit zu befassen, was sie erzählen wollten. Wir überliessen es ihnen, zu entscheiden, wo sie ihre Geschichte vertiefen und wo sie lieber etwas allgemeiner bleiben wollten. Im Anschluss an das Interview erhielten die Protagonistinnen die Tonaufnahme des Gesprächs und die Verschriftlichung davon. Das aus diesem Text redigierte Portrait lasen oder besprach ich oder Cécile mit der jeweiligen Frau bei ihr zu Hause. In diesem Moment konnte die jeweilige Frau prüfen, ob die Darstellung so für sie stimmte, es kam zu Streichungen und Ergänzungen im Text. In diesem Prozess versetzten wir als Redaktorinnen uns in die Rolle der Lesenden, dadurch kamen neue Fragen auf, teilweise auch dank Personen, die sich als Externe für das inhaltliche Lektorat bereit erklärt hatten. Die Portraits wurden auf ihre Kohärenz geprüft. Weitere Informationslücken sollten zusammen mit den Frauen geschlossen werden. Diese mussten sich nochmals erinnern, was teilweise wieder schmerzhaft wurde. Sie mussten über Informationen entscheiden, die sie ursprünglich vielleicht nicht hatten teilen wollen. Eine der Frauen beschloss, den Prozess nicht weiterzuführen. Reflexionen darüber, sowie über Grundlagen und Verflechtungen der schweizerischen Migrationspolitik und die Rolle von nicht-staatlichen Akteur*innen, habe ich unter dem Titel «Der Mensch im Räderwerk der Migrationspolitik», siehe Seite 123).

«Was ich anderen erzählen möchte», bleibt der relevante Leitgedanke für jede Frau und ihre Geschichte. Es ist den Lesenden überlassen, auch zwischen den Zeilen zu lesen oder eine aufkommende Frage bewusst unbeantwortet zu lassen. In Absprache mit den Frauen und zu ihrem Schutz wurden nicht alle ihrer Informationen aus den Interviews veröffentlicht. Nicht selten ging es um Informationen über ihre Partner oder ihre Kinder. So wurde manchmal angedeutet, dass es für den Partner noch schwieriger gewesen sei, mit dem erlittenen Statusverlust zurechtzukommen oder traumatische Erlebnisse zu verarbeiten. Auf das Thema Männlichkeit wird in diesem Buch nicht eingegangen.
     Bei der Redaktion der Portraits achteten wir darauf, nahe am Klang der Sprache der jeweiligen Protagonistin zu bleiben. Die Deutschkenntnisse der befragten Frauen sind unterschiedlich. Für alle ist die sprachliche Situation mit Unsicherheiten verbunden. Das Erlernen einer Fremdsprache kann durch vieles beeinflusst

werden: Zum Beispiel durch die erfahrene Bildung im Herkunftsland, persönliches Sprachtalent, Sorgen, psychische Gesundheit
oder erlebte Traumata, welche sich auf die Konzentrationsfähigkeit
auswirken. Zum Thema Sprache äusserten die Frauen unterschiedliche Gedanken und Bedürfnisse, wie etwa als Voraussetzung,
Arbeit zu finden oder Beziehungen aufzubauen, oder als Moment
des freien Ausdrucks und des Humors. Sprache ist Teil der Identität
bis hin zum politischen Statement. Die von uns verfasste Einleitung, das 10. Portrait und das Schlusswort formulierten wir geschlechtergerecht, entsprechend der aktuellen Diskussion und
dem Stand der Entwicklung. Die Portraits redigierten wir in Anlehnung an die Sprachgewohnheiten der Frauen.

      Das Leben mit einer Migrationsgeschichte ist einerseits
bereichernd und andererseits herausfordernd. Auch ich, als
deutsche Migrantin, erlebe mich immer wieder als «die Fremde»
oder als «Botschafterin meines Landes». Das prägt. Für die Ziel-
setzung dieses Buches war es mir wichtig, die Stärken der Frauen,
ihre Ressourcen und Kraftquellen ins Zentrum des Geschehens
zu stellen, und weniger Scheitern und Gewalterfahrungen. Die
Protagonistinnen sind alltägliche Heldinnen. Ihre Biografien
zeugen davon, was Frauen leisten. Sie fliehen, sie begleiten, sie
wollen die Welt entdecken, sie suchen neue Möglichkeiten, sich
wirtschaftlich und sozial zu entfalten. Als Zugezogene reflektieren
sie das Leben in der Schweiz mit einem Blick von aussen und
pflegen aus der Herkunftskultur, was sich für sie bewährt hat,
neben dem, was von ihnen erwartet wird.

Allerdings gehören zur Migration die grossen Belastungen und
Schwierigkeiten wie erlittenes Trauma, häusliche Gewalt, Hürden
beim beruflichen Werdegang und in der schweizerischen Gesetz-
gebung. Deshalb bat ich Expertinnen um fachliche Beiträge und
Erfahrungsberichte: Marianne Herzog, Fachpädagogin Psychotraumatologie, Theodora Leite Stampfli als Programmverantwortliche Migrationspolitik der Organisation Frieda, Ylfete Fanaj,
Regierungsrätin des Kantons Luzern, und Anni Lanz, Menschenrechtsaktivistin. Sie geben Einblicke in Bereiche, die für das
Ankommen in der Schweiz von zentraler Bedeutung sind: das
Schaffen von sicheren Orten, berufliche Integration orientiert
an den Ressourcen, politische Mitbestimmung und Solidarität.

Die portraitierten Frauen bringen mit dem Erzählen ihrer persönlichen Geschichten auch Erfahrungen mit strukturellen Rahmenbedingungen zur Sprache. Positive Beispiele sind Gastfamilien, sie tragen zum menschlichen Miteinander in der Gesellschaft bei, oder Sozialdienste, die konstruktiv Wissen zu bestehenden Rechten und Möglichkeiten vermitteln. Schwierige Erlebnisse – zum Beispiel mit Migrationsämtern oder ausführenden Behörden bezüglich der geschaffenen Kategorien von Aufenthaltsbewilligungen und den damit verbundenen Integrationsvorgaben und finanziellen Folgen – können die Betroffenen als persönliche Demütigung erleben. Daraus entsteht die Gefahr von Missverständnissen und individuellem Rückzug. Durch das Mitteilen und Sichtbarmachen derartiger Erfahrungen sowie mit dem Aufzeigen struktureller Zusammenhänge soll dieses Buch dazu beitragen, in belastenden Situationen nicht aufzugeben, sondern Lösungen zu suchen, allenfalls kollektiv wie auch auf politischer Ebene.

Als die Frauen mit ihrer Unterschrift ihr Portrait bewilligten, spürte ich bei ihnen Freude und Stolz sowie Neugierde auf die Veröffentlichung des Buches. Sie gehen mit ihren Geschichten an die Öffentlichkeit und betreten damit neues Terrain. Sie verlassen den überschaubaren Raum des Café International, um ihre Geschichten mit einem interessierten Publikum zu teilen. Angesprochen sind alle Menschen, auch diejenigen, die beruflich oder privat in Kontakt mit Migrant*innen stehen. Das Projekt ist nicht abgeschlossen, nach der Veröffentlichung des Buches beginnt der Austausch mit und unter den Leser*innen. Es ist das Gespräch, das die Möglichkeit bietet, Brücken zu bauen für das Kennenlernen und Zusammenleben.

Heike Wach

Portraits

Der Direktor sagte – und seine Antwort
hat mir sehr viel Kraft gegeben: «Du hast
die Universität des Lebens gemacht. Wir
haben dich beobachtet, wie gut du mit den
Frauen umzugehen weisst. Wir haben
Vertrauen in dich.» Ich war 38 Jahre alt. So
habe ich diese Arbeit begonnen, und das
erfüllte mein Leben. Ich konnte bei vielen
Frauen ihr Problem heraushören, mich in
sie hineinversetzen, weil ich dasselbe erlebt
hatte.

O Margarita Gonzales Roca Krattiger

geboren 1965 in Peru

Mein Leben hat Wendungen genommen. Jedes Mal zu meinem Erstaunen und zu meiner grossen Dankbarkeit. Ich beginne dort, wo mein Sohn von der Schule heimkam und mir eine Hausaufgabe zeigte. Ich lebte mit meinen Kindern, zwei Töchtern und zwei Söhnen, alleine in Peru. Das Familienleben mit meinem Mann war nicht gut gewesen, es gab Gewalt, deshalb hatte ich mich getrennt.

Eines Tages brachte mein Sohn, er war etwa zwölf Jahre alt, seine Hausaufgabe mit dieser Frage: Welches sind die Rechte der Frau? Mein Gott ... das war schon immer meine grosse Frage gewesen: Warum ist das Leben von Frauen so anders, so schwierig?

Warum? «Ich habe keine Ahnung», sagte ich. Wo suche ich danach? Damals hatten wir natürlich kein Internet. «Ich gehe zur Gemeinde und frage», sagte ich. Dort schickten sie mich zu einer Organisation, deren Sekretärin erklärte: «Wir haben viele Informationen für dich.» Es war November, genau die Zeit ihrer Kampagne, «16 Tage gegen Gewalt an Frauen», zu der sie mich einluden. Wow! «Ich komme gerne», sagte ich. So habe ich diese Nicht-Regierungsorganisation kennengelernt. Von einem Prediger bekam ich noch mehr Informationen, und ich nahm an vielen Veranstaltungen ihrer Kampagne teil. Drei Monate später fragte mich der Chef, ob ich mit ihnen arbeiten möchte. Wow – wirklich? Ich konnte keine Worte finden. Ich hatte so viele Emotionen in mir, denn eine solche Arbeit war mein Ideal, mein Traum! «Aber ich habe ein Problem», antwortete ich, «ich bin weder Psychologin noch Anwältin oder Sozialarbeiterin.» Mein Traum ist es gewesen, Psychologin zu werden, doch wegen der Kinder hatte ich nicht weitergelernt. Der Direktor sagte – und seine Antwort hat mir sehr viel Kraft gegeben: «Du hast die Universität des Lebens gemacht. Wir haben dich beobachtet, wie gut du mit den Frauen umzugehen weisst. Wir haben Vertrauen in dich.» Ich war 38 Jahre alt. So habe ich diese Arbeit begonnen, und das erfüllte mein Leben. Ich konnte bei vielen Frauen ihr Problem heraushören, mich in sie hineinversetzen, weil ich dasselbe erlebt hatte. Ich erinnere mich noch jetzt daran, wie die Frauen kamen und viele sagten: Ich will zu Margarita. Wir waren zu dritt im Team. Der Chef meinte, Margarita ist heute nicht hier, da ist eine andere Frau, und sie sagten, nein, ich will mit Margarita sprechen *(lacht)*. Durch die Kampagnen erfuhren die Frauen, dass es uns gibt. Unsere Hauptbotschaft lautete: Gewalt in der Familie ist nicht privat. Das glauben nämlich viele Leute. Auf dem Platz haben wir Informationen auf Papier abgegeben und abends Filme gezeigt. Die Gesetze bestehen bereits, aber die Frauen kennen sie nicht. Auch die Polizei kennt diese Rechte nicht. Das war ein grosses Problem, denn mit dieser Mentalität sagt die Polizei der Frau, die Gewalt erlebt: «Das ist normal ... vielleicht hast du nicht gut gekocht.» Wir haben mit Verantwortlichen der Polizei, mit Schuldirektoren, Bürgermeistern, mit Friedensrichtern und Personen aus der Politik gearbeitet. Sie alle müssen Bescheid wissen über diese Gewalt, wie sie sich auf die Familie auswirkt und was davon betroffene Frauen brauchen. Wir sagten diesen Autoritäten, dass sie eine grosse Verantwortung für die Gesellschaft tragen.

Wir führten ein Bildungsprogramm für Multiplikatorinnen durch. Es fand meistens am Wochenende statt, während drei Jahren. Auch ich habe den Kurs gemacht. Hier wurden die Rechte erklärt über das Lesen von Texten, aber auch mit anderen Methoden wie Rollenspielen. Zuerst mussten wir Frauen für unsere Aktivitäten gewinnen. Nicht nur darüber sprechen war wichtig, sondern auch das Wissen anwenden und in die Familien weitertragen.

Wir informierten in diesem Projekt darüber, dass die Gemeinde für Bedürfnisse der Gemeinschaft Geld zur Verfügung habe, zum Beispiel für die Errichtung eines Spielplatzes oder für das Schaffen eines Treffpunkts. Dieses Wissen war wichtig, denn so merkten die Frauen, sie können selber etwas in Bewegung bringen, eine Idee umsetzen.

So stellten wir für unsere eigene Organisation den Antrag für einen Raum, um dort mit den Frauen zu sprechen. Ich musste viel arbeiten, fast den ganzen Tag, dadurch hatte ich weniger Zeit für das Familienleben. Trotzdem, meine Kinder waren stolz, weil sie wussten, was ich machte. Oftmals habe ich sie mitgenommen, denn ich war nicht immer im Büro, sondern auch unterwegs. Stets habe ich ihnen gesagt, sie sollten mein Leben nicht wiederholen, sie müssten genau wissen, welche Rechte sie haben. Und ich sagte ihnen: «Ihr seid als Töchter und Söhne gleichwertig.» Entsprechend sollten sie sich im Haushalt mit den Aufgaben abwechseln.

Ich denke, jede Generation lebt anders, jede Generation entwickelt sich. In meiner Familie waren wir sechs Kinder, zwei Jungen und vier Mädchen. Meine Mutter hat nicht ausdrücklich zu den Brüdern gesagt, sie sollten abwaschen, sie waren sowieso mehr bei meinem Vater, wir Mädchen eher bei der Mutter. Ich hatte nicht das Gefühl, dass ich anders als die Söhne behandelt wurde. Alle gingen zur Schule, aber Mädchen gingen zu der Zeit normalerweise nur in die Primarschule. Dann war Schluss und die Idee hiess: heiraten. Meine Gedanken waren auch so. Ab dem Alter von zwölf Jahren ist die Schule fertig. Allerdings lebte ich bei einer Tante in Lima. In der Hauptstadt von Peru war es normal, dass Mädchen auch in die Sekundarschule gehen. Deshalb besuchte ich die Sekundarschule. Doch danach war in meinem Kopf einzig der Gedanke, jetzt musst du heiraten.

Es ist unglaublich, wie stark die Gedanken sein können. Meine Mutter hat nie gesagt, ich solle heiraten, aber das war in meinem Kopf. Ich wollte heiraten. Mein Vater hat einmal gesagt, du kannst auch einen Beruf ergreifen. Ich war erstaunt, wow.

Mein Vater war Bauer und politisch interessiert. Er war Bürgermeister in den 1980er-Jahren und hat die erste Sekundarschule in meinem Dorf mitgebaut. Er sagte einmal zu mir: «Vielleicht kannst du Journalistin sein.» Das war für mich eine Überraschung (lacht), denn nie hatte er gesagt, du kannst weiterlernen. Ich dachte, ich kann Polizistin werden. Aber die Polizeischule war leider fünf Jahre geschlossen, und in dieser Zeit lernte ich den Vater meiner Kinder kennen. Wenn ich zurückblicke, war es für mich wichtig, was mein Vater gesagt hat, denn zuinnerst wusste ich: Es gibt noch etwas anderes als Heirat. Die Erinnerung an die Worte meines Vaters «du kannst, du kannst» hat mich bestärkt. Warum nicht? Das machte mehr aus mir als Frau. Wie ein Samen.

Die Arbeit in der Organisation «Paz y Esperanza» hat mir viel Kraft gegeben. Zudem hatte ich einen Grund für meine schlechte Familienerfahrung gefunden: Das war kein Unfall gewesen, nein, ich konnte daraus schöpfen und etwas verändern. Meine Trennung hat mich bestärkt und dazu beigetragen, dass ich anderen helfen konnte. Das bringt mich dazu, von meiner Trennung und den damit gemachten Erfahrungen zu erzählen. Es ist eine grosse Geschichte.

Mein Traum war es, eine glückliche Familie zu haben. Denn ich hatte vor meinen Augen, wie meine Mutter und mein Vater sich gestritten haben. Das machte mich immer sehr traurig, und ich hatte Angst. Ich wollte nicht, dass es meinen Kindern so ergeht. «Ich will es anders machen», sagte ich dem Vater meiner Kinder, als wir uns kennenlernten. «Ich will keinen Streit. Wir sind intelligent und können die Probleme lösen.» Für mich war das logisch, warum müssen wir kämpfen? Er sagte ja, ja, aber mit den Jahren erinnerte er sich nicht mehr daran. Deshalb überlegte ich schon länger, zur Polizei zu gehen. Doch eines Tages musste ich mit den Kindern dringend aus dem Haus flüchten, ohne Gepäck, ohne Dokumente, nur mit den Kleidern, die wir am Leib trugen.

Auf der Strasse traf ich zufällig eine Freundin an. Sie sagte: «Achtung, er kann dein Weggehen gegen dich verwenden, er kann bei der Polizei sagen, meine Frau hat das Haus und die Familie verlassen. Du musst der Polizei sagen: Ich verlasse mein Haus, weil ich Probleme habe und ich nehme gar nichts mit.» So machte ich es, und die Polizei leitete mich an das Familienamt weiter. Dort sagten sie mir: «Du musst das Haus nicht verlassen. Es ist dein Haus und das deiner Kinder.» Ich sagte, nein, ich will weg, ich will in Frieden und Sicherheit leben. Sie boten an, mich zu begleiten, um die Dokumente zu holen – in etwa zwei bis drei Tagen. Aber die Justiz in Peru ist sehr langsam, es wurden fast zwei Wochen. Während dieser Zeit habe ich bei einer Freundin gewohnt. Mein Anwalt sagte zu mir: «Das ist ein Delikt von häuslicher Gewalt» - das hatte ich nicht gewusst – «deshalb müssen wir eine Anzeige machen, das dauert drei bis sechs Monate.» Ich hatte nicht verstanden warum, ich wollte bloss weg, doch die Kinder mussten weiter zur Schule gehen. Am Ende dauerte es etwa ein Jahr bis zum Urteil. Während dieser Zeit habe ich viel gelernt, nachgedacht und viele Informationen erhalten. In meinem Land, wenn Frauen getrennt sind, müssen sie alleine für die Kinder zahlen und arbeiten.

Wo ist der Vater? Keine Ahnung. Und ich sagte mir, das ist meine Verantwortung. Aber hier hatten sie mir erklärt: «Nein, er lebt, er ist der Vater, du hast nicht allein die Kinder gemacht, oder?» Das Wichtigste für mich war, als sie mir sagten: «Wenn viele Frauen so handeln wie du, werden die Männer immer wiederholen, was sie tun.»

Die Männer denken, das ist nicht meine Verantwortung, ich muss nichts bezahlen, jetzt bin ich frei und glücklich, ich werde eine andere Frau suchen.» Auf dem Amt sagten sie mir das, und ich dachte, stimmt, das ist so, deshalb sind viele Frauen arm, Opfer, mit Kindern und mit Arbeit. Ich sagte mir: Ja, ich muss Alimente für meine Kinder verlangen! Und so habe ich es gemacht. Früher waren meine Gedanken «geschlossen» gewesen, die Kultur hatte mich beeinflusst. – Jetzt setzte ich mich für meine Rechte und für seine Verantwortung ein. Aber das war nur auf dem Papier, bei mir funktionierte es nicht, denn es gibt diese Probleme: Die meisten Leute haben keinen Beruf und bekommen keinen regelmässigen Lohn. Er hat vielleicht zwei- oder dreimal im Jahr etwas Geld gegeben. Doch das Wichtigste für mich war: Ich hatte meine Augen geöffnet. Ich bin nicht allein, er ist auch verantwortlich, er muss auch bezahlen. Sie hatten mir bewusst gemacht: Du hast zwei Söhne. Wenn sie sehen, dass du ihren Vater ohne Verantwortung lässt, werden sie dasselbe machen. Das ist das Problem. – Wow! Für mich war das wie eine Erleuchtung, ja, wirklich, klar!

So haben mir meine Erfahrungen und mein Leben sehr geholfen für meine Arbeit. Es war für mich wie «mein Leben auf den Tisch gelegt». Unglaublich! Dem Anwalt, der sich mit meiner Scheidung befasst hatte, begegnete ich übrigens Jahre später wieder, in meiner Funktion als Multiplikatorin, als ich mit der Polizei arbeitete und über die Rechte der Frauen sprach. Er sagte, er habe damals schon gesehen, wie stark ich sei. Das war wie ein Traum: Einige Jahre zuvor in meiner persönlichen Situation und jetzt in dieser ganz anderen Position.

Ich habe sieben Jahre über Frauenrechte aufgeklärt und danach vier Jahre im Frauenhaus gearbeitet, das meine Organisation gegründet hatte. Ich war sehr zufrieden mit meiner Arbeit. Privat war ich immer scheu und bin nicht gerne ausgegangen. Von meinen Freundinnen hörte ich immer wieder: «Warum gehst du nicht aus?»

Auch meine Kinder – inzwischen älter – sagten: «Mama, du musst mit jemandem Kaffee trinken gehen!» Und meine Freundin sagte: «Du bist noch jung!» Aber ich wollte nichts mehr von Männern wissen. Doch mit der Zeit begann ich mich selber zu fragen: Warum denn nicht? Wenn Gott jemanden sendet, warum nicht?

Eines Tages erreichte uns die Nachricht, es seien Freiwillige aus der Schweiz unterwegs, um während sechs Monaten in der Organisation zu helfen. Wer war dabei? Karlo, mein jetziger Ehemann! Unsere Institution hat verschiedene Bereiche. Ich war im Frauenhaus tätig – wir hatten einen kleinen Hof mit Kühen und einen Garten für den Gemüseanbau. Wobei es eher ein Mädchenhaus war, denn die meisten Bewohnerinnen waren zwischen 12 und 17 Jahre alt, durch Vergewaltigungen traumatisiert. Die jungen Frauen sollten sich betätigen können mit Kochen und Käsezubereiten, im Garten arbeiten oder auch mit Nähen und Lernen. Hier war Karlo eingesetzt. Er hat viel fotografiert, und wir haben uns mehr und mehr kennengelernt. Er war überrascht von der ganzen Situation der familiären Gewalt. Wir haben viel darüber gesprochen, denn das war ja mein Thema. Er hat von mir gelernt, wir haben viele Sachen zusammen gemacht. Und wir haben uns verliebt. Das war wie ein Traum. Ich hatte ihn nicht gesucht.

2014 bin ich mit Karlo in die Schweiz gekommen. Wieder eine dieser Wendungen in meinem Leben, oder ich will sagen, eine andere Seite meines Lebens. Mein Leben ist nicht nur «eines», finde ich. Das klingt ein bisschen komisch. Ich will es erklären. Meine ganze Familie, meine Wurzeln sind in Peru, diejenigen meines Mannes sind hier. Ich kann ihm nicht sagen, wir fahren nach Peru und leben da. Und für mich ist es nicht möglich, dass ich nur hier lebe. Ich war mir dessen bewusst, bevor ich ihn geheiratet hatte, und wir haben darüber gesprochen.

Für uns wurde klar, normalerweise bleibe ich fünf Monate in Peru, dann kommt er nach, und wir bleiben zusammen, und es folgt wieder ein halbes Jahr in der Schweiz.

Nach etwa drei Jahren wollte ich auch in der Schweiz arbeiten. Doch ich hatte es immer noch schwer mit der Sprache und war nicht so integriert. In dieser Zeit erhielt ich eine Nachricht von einer Bekannten, ihr Mann stammt aus Kolumbien, und sie suchte eine Sprachlehrerin für ihre Kinder. Ich war sehr erfreut – wenn ich etwas im Kopf habe, dann schickt mir Gott einen Weg. Auch im Frauenprojekt war ich ja eine Art Lehrerin. Die Universität des Lebens! Ich arbeitete schon immer gerne mit Kindern und habe ein Talent als Lehrerin – so gebe ich immer noch Unterricht in der Familie hier in Muttenz. Das erlebe ich als grosses Geschenk. Ich habe auch als

Freiwillige für die Organisation «Elim» hier in Basel gearbeitet, mit Menschen am Rande der Gesellschaft. Mein Traum ist es, bei der Spitex zu arbeiten, dafür brauche ich jedoch ein Sprachzertifikat und muss ein Diplom machen.

Jedes Mal, wenn ich nach Peru komme, freue ich mich darauf, wieder Neues aus der Schweiz mitzubringen: Ideen und Gedanken, z.B. zur Rolle des Staates. In Peru ist es jetzt etwa so wie vor einiger Zeit in der Schweiz, es braucht noch Entwicklung, z.B. im Gesundheitssystem. Ich denke nicht, irgendwo ist es besser oder schlechter, es ist anders. In Peru bewundere ich, wie die Frauen sich zusammenfinden, sie sind Kämpferinnen und setzen sich für ein besseres Leben ein. Das möchte ich den Frauen hier zeigen. Es gibt sie überall, diese Frauen, die sich zusammentun. Ich habe sie hier im «Café International» oder im «Union» getroffen. Diese verschiedenen Frauen, das gibt Kraft. Wir verstehen uns vielleicht nicht wegen der Sprachen, aber wir verstehen unsere Gefühle, unsere Herzen, wir sind füreinander da, das finde ich wichtig. Wir sind stark, wenn wir zusammen sind.

Ich denke, jede Person hat schlechte Erfahrungen gemacht. Aus dieser schlechten Zeit herauszukommen, nicht darin zu bleiben, das gibt mir Willen und Kraft. Das verstehe ich unter Resilienz. Diese ist eine Stärke der Frauen in Peru. Meine Stimmung ist manchmal nicht so gut, vielleicht wegen einer Erinnerung. Dann sage ich mir, dass ich schon viele Gründe hatte, keine gute Stimmung zu haben, aber jetzt geht es mir gut – und das hilft mir. Und so können wir uns auch gegenseitig ermutigen.

Ich teile meine Gefühle in der Schweiz mit Freundinnen aus Lateinamerika in meiner Muttersprache, auf diese Weise kann ich meine Gefühle genau ausdrücken. Ursprünglich ist meine Sprache Quechua – Quechua reden ist für mich «sehr süss», etwas so Tiefes, mein Herz macht «Ahhhh», wenn ich Quechua spreche.

Ich habe mit meiner Grossmutter Quechua gesprochen, mit meinen Eltern mehr Spanisch. Es war fast verboten, Quechua zu reden, die offizielle Sprache war Spanisch, auch in der Schule. Wir wurden gedrängt, Spanisch zu sprechen, aber jetzt kommt das zurück, zum Glück. Seit einigen Jahren hat Peru drei offizielle Sprachen: Quechua, Spanisch und Aimara. Mit meinem Bruder, der in Venezuela lebt, spreche ich auch heute oft Quechua via Videocall, manchmal singt er mir sogar Lieder vor.

Ich sage immer, Gott ist sehr gütig mit mir und gross, er hat mir viele Wege eröffnet. Gott sei Dank gab es diese Hausaufgabe! Meine Erfahrungen möchte ich an so viele Frauen wie möglich weitergeben. Ich hatte die Möglichkeit, eine andere Welt und wunderbare Menschen kennenzulernen. Die Begegnung der Menschen in der Welt ist so wichtig, denn wir können voneinander lernen. ●

Im Dezember 2020 erhielt Margarita Gonzales Roca Krattiger eine Krebsdiagnose. Als wir das Gespräch mit ihr im darauffolgenden November bei Heike zu Hause führten, hatte sie sich von der Behandlung etwas erholt. Im Jahr 2022 reiste sie zusammen mit ihrem Mann Karlo nochmals nach Peru, um sich zu verabschieden. Sie hatte sich entschieden, in der Schweiz begraben zu werden. Karlo und die beiden Töchter von Margarita begleiteten sie in den letzten Wochen ihres Lebens. Margarita starb am 4. September 2022 zu Hause in Muttenz. Sie hatte bereits früher ihre Geschichte für sich aufgeschrieben. Das Portrait überprüften wir zum Schluss mit Karlo, der auch die Fotografie zur Verfügung stellte. Sie war eine der ersten Frauen, die ihre Erfahrungen für dieses Buch an andere weitergeben wollten. Margarita, wir danken dir.

Ich sage meinen Kindern, wir sind nicht alle gleich, wir kommen nicht alle aus dem gleichen Land, wir haben viele Sprachen auf der Welt. Das ist für mich sehr wichtig, dass meine Kinder wissen, alle Religionen sind gleich viel wert, keine ist besser, nicht Christen, Muslime oder Buddhisten – wir sind alle Menschen.

O Roza Monlaali

geboren 1987 in Syrien

Wir sind vier Geschwister, zwei Buben, zwei Mädchen. Ich bin die Zweite. Ich habe einen grossen Bruder, der jetzt in Deutschland wohnt, eine Schwester im Aargau und einen Bruder in Kurdistan im Irak. Ich bin in einer kurdischen Region, in einem Dorf ausserhalb von Aleppo, geboren. Seit 2018 haben sich zunehmend Leute aus Damaskus dort angesiedelt, die ausschliesslich Arabisch sprechen. Meine Mutter ist bis zur 10. Klasse in die Schule gegangen und hat anschliessend geheiratet. Sie machte keine berufliche Ausbildung, aber sie konnte gut lesen und schreiben. Mein Vater hat eine Ausbildung als Mechaniker gemacht, er arbeitete jedoch bis zu seiner Pensionierung als Beamter beim Finanzamt Aleppo. Wir zogen nach Aleppo, als ich noch sehr klein war, dort besuchte ich die Schule. In den Sommerferien, die drei Monate dauerten, kehrten wir zurück in das Dorf meiner Eltern. Dort konnte ich das Leben geniessen, auf der Strasse frei spazieren. Meine Grossmutter besass eine Katze. Sie sagte immer, die Katze versteht mich, sie haben miteinander gesprochen. Wir hatten dort auch Schafe und Hühner.

Ich erlebte eine schöne Kindheit. Vater und Mutter haben uns stets unterstützt, ich denke, sie haben uns gut erzogen. Meine Eltern waren sehr streng mit dem Lernen. Sie wollten, dass wir selbstständig werden und arbeiten können. Nicht alle Mädchen in Syrien dürfen eine berufliche Ausbildung machen. Es kommt darauf an, aus welcher Gesellschaft du kommst, mit welcher Herkunft und aus welcher Familie.

Mein Vater sagte, Primarlehrerin ist ein guter Beruf für Frauen, dann erhältst du nach dem Abschluss sofort einen Arbeitsplatz, du musst dich nicht einmal bewerben. Und wenn du z.B. Kinder bekommst, ist das einfacher, denn du hast mit ihnen zusammen Ferien. Schon immer bereitete es mir Freude, anderen etwas zu erklären, Mathematik mag ich besonders. So habe ich in Aleppo Pädagogik studiert und im Anschluss daran drei Jahre gearbeitet. Ich bin Kurdin, aber ich durfte das nicht frei sagen oder in der Öffentlichkeit kurdisch sprechen. Wir haben die Sprache in der Familie gesprochen, manchmal bekamen wir Probleme deshalb. Ich erinnere mich, wie ich mich mit meiner kurdischen Kollegin in unserer Sprache unterhielt, da lachte uns eine Freundin aus: «Hahaha, was sprecht ihr für eine Sprache.»

Ich war traurig, dass wir unsere Feste nicht offen feiern konnten. Wir haben gefeiert, aber bald kam die Angst: Vielleicht hat jemand von mir ein Foto gemacht, und ich werde Probleme bekommen.

Meine Eltern sagten immer: «Bitte aufpassen! Nicht auffallen!» Wenn wir an der Universität ein kurdisches Fest feierten, sollten wir nicht zuvorderst sein. Trotzdem sagten sie uns, wir sollten feiern und unsere Kultur nicht vergessen.

Meine Familie war ziemlich offen, sie wollte, dass wir unsere kurdische Kultur leben und uns trotzdem an die Umgebung, in der wir lebten, anpassen. Viele Kurdinnen tragen kein Kopftuch, aber die Generation meiner Mutter war noch anders. Auf dem Balkon z.B. hat sie das Tuch nicht getragen, nur auf der Strasse, da trug sie einen Schal. Unsere Nachbarn waren nicht kurdisch. Sie öffneten die Tür nie ohne Kopftuch, da andere Leute vorbeikommen könnten. An Orten, wo viele kurdische Familien wohnen, ist es akzeptiert, wenn sich Frauen unterschiedlich kleiden, z.B. in einzelnen Quartieren grosser Städte wie Aleppo, Homs oder Damaskus. Aber dort, wo alle ein Kopftuch und einen langen Mantel tragen, ist es anders. Syrien ist ein islamisches Land, jeder Ort hat seine eigene Kultur. Ich wollte nie ein Kopftuch tragen, aber Frauen mit Kopftuch sind auch frei, zu tragen, was sie wollen.

Nach dem Studium wurden wir im Land verteilt, um als Primarlehrerinnen zu arbeiten. Dort musste ich unbedingt lange T-Shirts tragen, und wenn eine Frau kein Kopftuch trug, haben die Leute auf der Strasse schlimme Wörter gesagt, das hat mich sehr gestresst. Einmal fuhr ich mit dem Taxi von der Schule nach Hause. Der Taxifahrer war Kurde und fragte: «Wieso arbeitest du hier? Das ist nicht dein Ort.» Ich hatte noch weitere Probleme. Der Vater eines Kindes kam in die Klasse, er öffnete plötzlich die Tür und hat auf mein Pult geschlagen. Er protestierte, dass sein Sohn in der Schule putzen musste und sich nun erkältet hätte – wir waren alle geschockt. Daraufhin sagte ich zur Schulleitung, hier will ich nicht weiter unterrichten, hier werden die Frauen nicht respektiert. Tatsächlich wurden wir in andere Schulen umplatziert. Danach wurden einzig Männer zum Unterrichten hingeschickt. Dieses Erlebnis hatte ich nicht, weil ich Kurdin, sondern weil ich eine Frau bin.

Es war Krieg in Syrien, 2011 hat er begonnen. Wir sagten uns wieder und wieder, es wird besser werden, aber es wurde nicht besser. Nachdem ich diese Schule verlassen hatte, arbeitete ich in einer Schule in einem arabischen Dorf, in der Nähe von Aleppo. Einmal, als ich am Nachmittag nach Hause ging, war alles okay. Aber am nächsten Morgen sah ich Löcher in der Wand. Es hatte in der Zwischenzeit Kämpfe gegeben. Heute frage ich mich, wie habe ich das geschafft, dort zu arbeiten, und wie habe ich unterrichtet? Wir haben einfach funktioniert. Später wurde ich nochmals versetzt, in das Dorf, in dem ich geboren bin.

Mein Mann Jwan hatte den Militärdienst verweigert, er wollte keine Menschen töten. Während des Krieges mussten wir flüchten, in das Dorf, aus dem wir beide stammen, aber dort fand er keine Arbeit. Er war so traurig. «Ich bin noch jung, ich habe meinen Abschluss bekommen und kann nicht arbeiten, wo ist meine Zukunft?»

Wir fühlten uns wie in einem Gefängnis. Ich sagte mir, ich muss arbeiten, ich habe Pädagogik studiert und Schwierigkeiten erlebt, jetzt habe ich eine gute Arbeit. Ich muss weitermachen. Doch eines Tages sagte auch ich: «Stopp! Wir können diese unsichere Situation nicht mehr ertragen!»

Am Anfang des Krieges hatte mein Schwager gesagt: Bitte kommt in die Schweiz. Wir wollten nicht, aber nach drei Jahren beschlossen wir wegzugehen, es war eine gemeinsame Entscheidung. Im November 2014 sind wir geflüchtet, das kann ich nicht vergessen. Wir mussten unser Land und alles hinter uns lassen, auch die Beziehungen mit unseren Eltern, das war extrem belastend für mich. Auch der Weg war schwierig. In Syrien ist es im November kalt, wenn auch weniger als hier. Wir fuhren mit dem Auto von unserem Dorf in die Nähe der Grenze zwischen Syrien und der Türkei. Von dort gingen wir zu Fuss weiter. Wir marschierten am Tag, andere Menschen waren dabei. Ein Mann begleitete uns und erklärte den weiteren Weg. Damals waren sehr viele Menschen auf der Flucht, wahrscheinlich haben die Grenzleute Geld erhalten, damit die Grenze frei war. Geld, Geld, es ging immer um Geld ... Schliesslich waren wir in der Türkei. Bei Verwandten mussten wir etwa einen Monat warten, bis wir einen Telefonanruf von einem Mann erhielten. Dreimal probierten wir, weiterzugehen. Schliesslich sind wir in ein Dorf gefahren, ich meine, es war an der Grenze zu Bulgarien. Dort stand der Lastwagen, der Kühlschränke oder so etwas transportierte. Im Lastwagen gab es kleine Freiräume zwischen den Boxen. Wir waren vier oder fünf Personen. Sie haben uns etwas Essen und Trinken gegeben, aber ich hatte nicht viel Hunger. Die Fahrt dauerte vielleicht drei Tage. Der Lastwagen hielt ab und zu an, dann konnten wir aussteigen, oft in der Dunkelheit. Ich weiss nicht, wo wir durchgefahren sind, über Bulgarien hatten wir schon viele schreckliche Geschichten von Gewalt mit Geflüchteten gehört. Irgendwann stiegen wir um in ein Auto und fuhren über die Grenze in die Schweiz. Früh am Morgen kamen wir dort an, es war wie ein Traum, ich erinnere mich nur an Bruchstücke. Wir wurden zur Wohnung meines Schwagers gebracht, der uns schon erwartete.

Auf der ganzen Flucht hatten wir nur diese kleine Tasche dabei, ich nenne sie meinen Fluchtfreund. Darin waren unsere Studienabschlüsse und andere wichtige Papiere. Ich hatte auch die Haarspange meiner Mutter mitgenommen, sie ist jetzt meine Erinnerung an sie. Die Tasche benutze ich hier nicht im Alltag, ich behalte sie als Erinnerungsstück.

Mein erster Eindruck in der Schweiz war die Natur, ich erinnere mich an Pflanzen und Wiesen, alles war grün, sogar in der Stadt. Die Leute waren freundlich, nicht alle, aber es müssen nicht alle nett sein. Wir hatten das Glück, dass wir in einem Asylheim in Altstetten in Zürich waren. Wir bekamen innerhalb von 140 Tagen die B-Bewilligung, das heisst, ich habe nur wenige Monate im Asylheim verbracht. Wir hatten es gut, weil alles so schnell ging. Meine Schwester kam ein Jahr später, sie wurde in einem Asylheim im Aargau untergebracht. Sie blieb mit ihrem Mann und Baby mehr als eineinhalb Jahre in einem kleinen Zimmer zu dritt. Ich habe sie dort besucht. Nachdem ich Tschüss gesagt hatte, fing ich sofort an zu weinen. Wie ist es möglich, in einem so kleinen Zimmer zu wohnen? Es gab keine eigene Küche, nur, was man unbedingt brauchte, mit einem kleinen Schrankabteil. Das Heim lag zudem weit ausserhalb, man musste lange zu Fuss gehen. Manche blieben mehr als zwei Jahre dort, auch mit Kindern. Es gibt Unterschiede zwischen den Kantonen im Umgang mit den Geflüchteten.

Wir wurden nach Muttenz geschickt, in den Kanton Basel-Landschaft. Wir erhielten vom Asylheim die Adresse vom Sozialdienst, wo wir uns melden sollten. Mein Schwager half uns per Telefon, den Weg zu finden. Wir fuhren von Altstetten mit dem Zug und dann mit dem Bus. Bei der Station Mittenza fragten wir, wo der Sozialdienst sei, und meldeten uns dort an. Wir bekamen eine Wohnung der Gemeinde, die wir sofort beziehen konnten, mitten im alten Dorf von Muttenz. Der Sozialdienst brachte uns in Kontakt mit einem Kurden, der schon länger in Muttenz wohnte. Dieser zeigte uns unter anderem Orte zum Einkaufen und die Tramhaltestelle, wir sehen ihn heute noch manchmal. Bald begannen wir mit Deutschkursen in der Sprachschule K5, wir besuchten Kurse bis zum Niveau B2. Im Jahr 2015 bekam ich meine erste Tochter, im Jahr 2018 kam unsere zweite Tochter zur Welt. Bis die Jüngere in den Kindergarten kam, konzentrierte ich mich auf unser Familienleben und nahm keine weiteren Sprachkurse. Als ich noch in Syrien lebte, hatte ich früh in der Schwangerschaft zwei Kinder verloren. Die Ärztin meinte, das passiere häufig. Ich denke, vielleicht waren es auch die Angst und der Stress vom Krieg. Ja, wir haben alles verlassen, doch wir sind jetzt hier, und das ist gut. Heute ist es noch schwieriger für die Menschen zu flüchten. Es ist nicht nur wegen des Krieges gefährlich, in Syrien zu leben, es gibt auch viel Armut und Hunger.

Wenn ich Videos über Syrien sehe, kann ich nicht weiterschauen, es ist so traurig. Wir erzählen unseren Kindern davon, aber sie können sich das nicht so vorstellen, weil sie es nicht selbst erlebt haben. Ich erzähle, warum wir hier sind, aber sie wissen nicht, was Krieg ist, sie kennen das Gefühl nicht.

Mit dem Krieg in der Ukraine kamen ukrainische Kinder in die Schule, und die Lehrerin spricht mit den Kindern über Krieg und Flucht. Das nimmt meine grosse Tochter sehr mit, dann weint sie und wird sehr emotional. Ich habe eine ukrainische Kollegin im Deutschkurs, wir verstehen uns gut. Wenn sie etwas erzählt, antworte ich, ja, ich weiss, was du meinst. Ihr Haus sei jetzt ohne Fensterscheiben, das kenne ich auch – und es ist jetzt Winter.

Bevor meine zweite Tochter den Kindergarten begann, erzählte ich anderen davon, wieder in meinem Beruf arbeiten zu wollen. Aber hier ist es für mich schwierig, als Primarlehrerin wieder einzusteigen. Hier gilt: Du musst zuerst die Sprache beherrschen, dann kommt der Beruf. Heike vom Café International ermutigte mich, zur Beratungsstelle von «zRrächtCho» in Pratteln zu gehen. Diese Organisation unterstützt Geflüchtete dabei, eine Arbeitsstelle zu finden. Mirjam Würth, die Leiterin von «zRächtCho», unterstützte mich bei der Arbeitssuche. Da ich das Deutschniveau B2 vorweisen konnte, suchten sie für mich, zusammen mit dem Sozialdienst, ein Stellenangebot als Schulassistentin. Die Primarschulleitung Muttenz war einverstanden. Jetzt arbeite ich dort jeden Morgen als Unterstützung der Primarlehrerin. Ich bin in einer Einführungsklasse mit zwei Altersstufen eingesetzt, die Kinder absolvieren das erste Schuljahr in zwei Jahren. Manchmal übernehme ich die Kleinen als Gruppe. Wenn ein Kind nicht selbstständig die Aufgaben löst, setze ich mich zu ihm, erkläre die Aufgabe und motiviere es. Ich hatte das Glück, eine gute Arbeit zu finden. Aber ich kenne andere, sie arbeiten jetzt im Lidl. Manche von ihnen finden: «Das ist nicht meine Arbeit.» In der Schweiz ist es leider schwierig, im gelernten Beruf eine Stelle zu finden, denn du brauchst einen Studienabschluss, der von der Schweiz anerkannt wird. Für die Anerkennung meines Diploms als Primarlehrerin benötige ich ein offizielles C2-Sprachzertifikat.

Die Sprache ist eine besondere Schwierigkeit für uns, denn wir lernen in den Sprachkursen Hochdeutsch, aber auf der Strasse können wir die Leute nicht verstehen.

Im Kindergarten, wo ich zuerst arbeitete, sprachen alle schweizerdeutsch, ich kann es ein wenig verstehen, aber ich antworte auf hochdeutsch. Doch auf Hochdeutsch kann ich die Beziehung mit kleinen Kindern weniger aufbauen. In der Primarschule sprechen die Lehrerin und ich hochdeutsch, und die Kinder versuchen das auch. Hier zu Hause sprechen wir kurdisch, in Syrien war das verboten. Wir sprachen in der Schule und auf der Strasse arabisch, ich schreibe es auch. Mein Arabisch ist besser als mein Kurdisch. Arabisch ist eine schöne Sprache, finde ich, anders, leider kennen meine Kinder diese Sprache nicht. Meine grosse Tochter hat einmal den Film «Heidi» gesehen. Am Schluss hat sie geweint. Ich fragte sie, warum. «Mami, ich möchte wie Heidi einen Grosspapa haben, einer, der mich, wie meine Freundinnen, von der Schule abholt.» Ich antwortete, viele haben keine Grosseltern mehr, aber du kannst mit ihnen über Videoanruf sprechen, wenn du das willst. Auf diese Weise sind wir regelmässig in Kontakt.

Auch ich habe Sehnsucht und möchte meine Verwandten und meine Familie sehen, und wie früher mit ihnen leben, aber ich sage mir, nein, meine Kinder sollen in Sicherheit aufwachsen, sie sollen keinen Krieg erleben.

In der Schweiz treffen wir uns vor allem mit unseren Verwandten, mit meinem Schwager, meiner Schwägerin und meiner Schwester. Ich kenne andere Frauen aus Syrien, aber wir haben keinen engen Kontakt. Wir sind nicht sehr religiös, aber gewisse islamische Feste feiern wir. Politik hasse ich, damit will ich nichts zu tun haben. In Syrien ist alles Politik, Menschen werden dadurch gegeneinander aufgehetzt. Ich konnte nicht sagen, ich bin Kurdin, und ich durfte meine Sprache nicht sprechen. Dafür ausgelacht zu werden, habe ich in der Schweiz nicht erlebt. Ich sage meinen Kindern immer wieder, wir sind Kurdisch und wir sind stolz darauf. Das heisst jedoch nicht, dass ich nur die kurdischen Interessen sehe. Ich bin Mensch!

Ich will keinen Unterschied machen zwischen den Menschen. Wenn meine Tochter fragt: «Mami, warum gibt es so dunkle Menschen?», frage ich zurück: «Warum hast du so helle Haut?» Sie antwortet: «Ich weiss es nicht.» Ich sage: «Es gibt dunkle und helle Haut, die Menschen sind nicht alle gleich.» Wenn sie fragt: «Warum kann er nicht aufstehen?», sage ich: «Bei manchen Menschen funktionieren die Beine nicht, deshalb sitzt er im Rollstuhl, nicht alle sind gleich.» Einmal kam meine Tochter vom Kindergarten nach Hause und rief: «Mami, eine Freundin hat gesagt, dieses Mädchen ist dunkel, ich darf nicht mit ihm spielen.» Es ging um ihre beste Freundin, und meine Tochter sagte, ich spiele nicht mehr mit ihr!! Ich fragte zurück: «Ist sie lieb zu dir? Spielst du gerne mit ihr?» Sie sagte: «Ja.» In Syrien leben fast keine afrikanischen Leute. Doch meine Eltern sagten, wir müssten andere Menschen respektieren. Auch deshalb sage ich meinen Kindern, wir sind nicht alle gleich, wir kommen nicht alle aus demselben Land, wir haben viele Sprachen auf der Welt. Alle Religionen sind gleich viel wert, keine ist besser, nicht Christen, Muslime oder

Buddhisten – wir sind alle Menschen. Es ist mir wichtig, nicht rassistisch zu denken und zu handeln.

Es ist meine Familie, die mir Kraft gibt. Wenn ich sage, ich kann nicht mehr, aber sehe, wie meine Kinder zufrieden sind, sage ich mir: Ich mache weiter.

Und wenn ich sehe, wie andere Kinder in Syrien leben müssen, sage ich mir: Gott sei Dank bin ich hier! Wir Geschwister unterstützen uns stark. Mit meiner Schwester habe ich eine besondere Beziehung, wir reden fast täglich miteinander. Sie ist neun Jahre jünger als ich und lebt noch immer im Aargau. Meine Eltern habe ich seit acht Jahren nicht gesehen. Ich vermisse sie sehr. Meine Mutter hat Diabetes, sie kann auf einem Auge nicht mehr gut sehen. Aber was kann ich machen? Von meinen Eltern höre ich immer wieder: «Den wichtigsten Schritt hast du gemacht, du bist geflüchtet! Denn die Situation ist sehr schlimm.»

So wie meine Eltern uns immer unterstützt haben, will ich meine Töchter fördern. Doch die Gesellschaft und die Umgebung in der Schweiz sind anders als in Syrien. Die Rollenaufteilung zwischen Männern und Frauen erscheint mir hier zum Beispiel weniger streng. Ich denke, bei uns machen die Frauen viel mehr Hausarbeit, in der Schweiz helfen die Männer mehr mit. Ich und mein Mann Jwan sind eine andere Generation als die Kinder, da müssen wir auch neue Ideen übernehmen. Das Handy ist ein «sehr gefährliches Fenster». Wir müssen immer verfolgen, was die Kinder ansehen, und vielleicht eingreifen. Auf YouTube schauen sie etwas Harmloses, aber dann folgt etwas Gefährliches oder Gewalt. Das beobachte ich auch in der Schule, besonders Buben spielen mit Gewalt. Sicherheit ist das Wichtigste! Wenn wir z.B. auf der Strasse gehen, ohne dass Bomben fallen, ist das ein Schatz!

Ich wünsche, dass die Schweiz immer diese Sicherheit behält, dass wir nicht traurig werden, sondern froh bleiben, Feste feiern und die Schönheit des Lebens geniessen können. Ich habe meine Geschichte noch nie so erzählt. Das war eine gute Erfahrung für mich. ●

Wir führten das Gespräch mit Roza Monlaali im November 2022, genau acht Jahre nach ihrer Flucht aus Syrien. Wir trafen uns im Familienzentrum Knopf, dem langjährigen Treffpunkt für das Café International. Seither sind zwei Jahre vergangen. Anders als zu Beginn hat Roza nun entschieden, dass sie mit ihrem vollen Namen und Bild von ihren Erfahrungen erzählen will. Sie ist weiterhin als Schulassistentin angestellt und erlebt diese Arbeit als stärkend: «Sie verbessert meine Sprache, mein Selbstbewusstsein und das Vertrauen in meine Fähigkeiten. Ich geniesse den Austausch mit meinen Kolleginnen.» Im Sommer 2024 konnte Roza mit ihrer Familie erstmals wieder Zeit mit den Eltern verbringen. Sie reisten dafür nach Kurdistan/Irak. Roza hat sich für dieses Portrait von ihrer Tochter fotografieren lassen. Das Bild zeigt Roza mit ihrem «Fluchtfreund», ihrer Handtasche.

Link zur erwähnten Organisation «zRächtCho NWCH», siehe «Weiterführende Informationen», im Anhang ab Seite 162.

Ich bin über achtzig. Und ich habe Freude! Das ist meine Therapie. Die Musik und mit den Menschen zusammen tanzen, und nachher bin ich wieder weg.

O Margot Merk

geboren 1943 in Oberschlesien, Deutsches Reich,
seit 1945 Polen

Geboren wurde ich am 19. März 1943, mitten im Zweiten Weltkrieg. Ich komme aus Polen, aus Oberschlesien, das vor dem Krieg zum Deutschen Reich gehörte. Oberschlesien war wie das Elsass, einmal deutsch, einmal polnisch. Mein Vater war mit dem deutschen Militär in englische Gefangenschaft geraten. Als er nach dem Krieg aus England zurückkam, war Oberschlesien polnisch, daher konnte er nicht dorthin gehen, denn die Grenzen waren zu, das war der «Eiserne Vorhang». Als ich dreizehn war, 1956, organisierte das Rote Kreuz für uns die Familienzusammenführung, und damit konnten wir zu unserem Vater nach Deutschland gehen. Meine Eltern waren alle diese Jahre getrennt gewesen. Sie hatten sich Briefe geschrieben, aber mein Vater sprach nur Deutsch, er verstand wenig Polnisch. Das kam so:

Meine Grosseltern väterlicherseits waren früh gestorben. Mein Vater kam deshalb zu einem Onkel, der Deutsch sprach, während sein Bruder zu einem anderen Onkel ging, der Polnisch sprach. So geschah es, dass mein Vater ins deutsche Militär einberufen wurde und sein Bruder ins polnische Militär.

So etwas passierte innerhalb von Familien! Meine Mutter besuchte die Schule vier Jahre auf Deutsch und vier Jahre auf Polnisch – das Oberschlesien war wirklich wie das Elsass. Was bist du dann, deutsch oder polnisch?? Sie hat also beide Sprachen gekonnt und musste nach dem Krieg mit uns Polnisch sprechen, sonst wurdest du angezeigt, Deutsch war strikt verboten. Ich bin mit der polnischen Schule aufgewachsen und allem. Als ich nach Deutschland kam, sprach ich kein Wort Deutsch.

Ich erlebte eine glückliche Kindheit und Jugend trotz der schwierigen Umstände. Meine Mutter hatte fünf Geschwister, und wir wohnten alle im Haus meines Grossvaters. Ich war überall zu Hause, bei jeder Tante, das war das Gute, weil meine Mutter immer arbeiten musste. Ich habe zwei Schwestern, eine ist drei Jahre und die andere zwölf Jahre älter als ich. Und diese Schwester durfte nicht mit uns nach Deutschland gehen, sie galt nicht mehr als engste Familie, weil sie bereits über achtzehn und verheiratet war. Gleich nach dem Krieg musste meine Mutter an der Bahnstrecke arbeiten. Sie standen neben ihr mit dem Gewehr, weil sie ja eine Deutsche war,

also die Ehefrau eines Deutschen. Anschliessend war sie im Kohlen-
bergwerk Krattowitz eingesetzt. Später bekam sie dort einen Job
in der Küche eines Lagers, wo viele junge Arbeiter aus ganz Polen
wohnten. Sie assen in der Kantine. Das war gut, weil wir so zur Mutter
gehen konnten und auch etwas zu essen bekamen.

Als Kind habe ich diese deutsch-polnische Geschichte nicht
so wahrgenommen. Zum Beispiel mussten wir alle zu den Pionieren,
einer Art politischer Pfadigruppe. Da sagte meine Mutter: «Um Got-
tes willen, dein Vater im deutschen Militär und du dort ...», doch wir
hatten keine Wahl, wir mussten all das Polnische mitmachen.

**Meine Mutter war und ist für mich ein Vorbild in allen
Dingen. Gerecht und sehr lieb. Irgendwie habe ich immer
«hinten drangestanden», also Schutz bei ihr gefunden.
Sie hat alles gegeben. Es war die beste Mutter der Welt! Sie
hatte es sehr schwer gehabt, aber sie war stets fröhlich.**

Sie erzählte immer Witze, sie war lustig, sie hat gesungen. Diese
positive Einstellung hat vielleicht auf mich abgefärbt. Als wir uns nach
ihrem Tod einmal trafen, meine beiden Schwestern und ich, sagte ich:
«Ich bin die Lieblingstochter der Mutter», da antwortete die andere:
«Spinnst du, das bin doch ich!». Und die Grosse meinte: «Ihr habt
doch 'nen Vogel, denn ich bin diejenige.» Sie hat jeder das Gefühl
gegeben, das Wichtigste für sie zu sein. Ich war immer überzeugt,
das bin ich. Auch meine Tochter schwärmt noch heute von der Oma.
Also, das ist ein Glück, eine solche Mutter zu haben!

Für die Familienzusammenführung mussten wir 1956 Oberschlesien verlassen. Es war ein Abschied, aber ich habe mich auch
gefreut – mal was anderes, irgendwie. Meine Schwester war sech-
zehn, sie wollte gar nicht. Wir mussten über Friedland, das Erstauf-
nahmelager – ich hatte das alles vergessen, und kürzlich ist mal ein
Bericht im Fernsehen gekommen über das Friedland, wie die Leute
dort ankamen, und wie sie ihre Männer gesucht haben, viele kamen
von Russland und von weiss ich woher zurück. Als ich das gesehen
habe, fing ich an zu weinen. Das war alles schon wie vergessen, aber
dann ist es irgendwie wieder hochgekommen. Von Friedland ging es
weiter nach Weinsberg in der Nähe von Heilbronn – dorthin ist dann
mein Vater gekommen. Ich weiss noch, wie ich Ausschau hielt und
jemanden sah, der meinem Onkel glich – ich rannte zur Mutter, die

in der Küche arbeiten musste, und sagte, du Mama, ich glaube, der Vater ist da, der schaut aus wie Onkel Franz. Da ging meine Mutter hin und begrüsste ihn. An dem Tag habe ich meinen Vater das erste Mal gesehen. Wir mussten danach allerdings noch in ein weiteres Lager, nach Eichstätten. Alles war geregelt, man musste die ganze Bürokratie durchmachen. Erst danach durften wir zu meinem Vater nach Staufen im Breisgau, wo er für uns eine Wohnung gefunden hatte. Mein Vater war nach der Kriegsgefangenschaft in Staufen gelandet. Dort hat er viel Sport getrieben, er war Fussballtrainer – das mit meinem vielen Sport habe ich von ihm.

Er war Maurer. In Staufen haben sie ihn gut aufgenommen, und als wir ankamen, waren wir nicht irgendwie nur Geflüchtete oder Spätaussiedler, sondern die Familie von meinem Vater, seine Töchter. Meine Mutter konnte wieder arbeiten.

Meine Schwester und ich durften in das Internat «Jugenddorf Klinge» zwischen Heidelberg und Heilbronn gehen. Das war ein Glück, denn das Internat war super. Ich konnte ja kein Wort Deutsch sprechen, und die Lehrkräfte waren sehr gut. Ich blieb ein ganzes Jahr und konnte dort meinen Schulabschluss machen und danach Chemielaborantin werden. Ich hatte gar nicht gewusst, was Chemie war. Mein Vater ging mit mir zum Arbeitsamt, dort prüften sie mich und weiss Gott was. Weil jemand für eine Chemielaborantenstelle in Staufen gesucht wurde, konnte ich mich dort vorstellen und anfangen zu arbeiten, dreieinhalb Jahre dauerte die Lehre.

Meine Schwester und ich verstanden uns gut mit meinem Vater, es gab keine Probleme. Auch die Eltern haben das hinbekommen nach dreizehn Jahren Trennung. Ich trieb viel Sport und spielte Akkordeon. Bereits in Polen war ich in einem Musikverein gewesen, und dann in Untermünstertal bei Staufen im Akkordeonclub. Wir spielten Volksmusik. Als ich nach meiner Ausbildung nach Heilbronn ging, hörte ich auf mit dem Spielen, denn ich besass kein eigenes Akkordeon. So viel Geld verdiente ich nicht, um mir eines zu leisten – das war in unerreichbarer Höhe. Vielleicht zwanzig Jahre später haben wir uns vom Akkordeonclub nochmals getroffen. Ich konnte ein Instrument ausleihen, und wir probten für ein Konzert. Da war es, als hätte ich nie aufgehört zu spielen.

Nach meiner Lehre sagte ich mir, wenn ich fertig bin, suche ich etwas anderes. Ich wusste, meine beste Freundin Annelies aus Polen machte in Heilbronn eine Lehre als Krankenschwester. Wir waren immer in Verbindung geblieben. So bin ich als Laborantin zur dortigen Firma Knorr gegangen. Als erwachsen galt man erst mit 21 Jahren, der Vater musste noch unterschreiben, dass ich weggehen darf. Zuerst wohnte ich ganz in der Nähe von Heilbronn, Knorr hatte mir die Unterkunft besorgt. Aber da war die Vermieterin. Ich machte morgens mein Bett, und sie sagte mir abends, wie ich es hätte anders machen sollen. Und als meine Freundin kam – die lief die Treppe viel zu schnell hoch! Da erzählte mir jemand vom Mädchenwohnheim, nach einem Monat kündigte ich und zog dort ein. Das war toll! Wir waren so viele Mädchen! Wir wohnten zu zweit in einem Zimmer, es gab eine Küche, Duschen, WC. Klar, wir mussten um 22.00 Uhr zu Hause sein, es gab Vorschriften, doch mir hat es dort gut gefallen. Bei Knorr blieb ich ganze drei Jahre. Am Anfang war ich im Werk in Heilbronn, dorthin kamen Amerikaner und wollten den «Stocki» entwickeln, diese Fertigmischung für Kartoffelbrei.

Weil ich die Versuche immer mit den Amerikanern gemacht hatte, wurde ich nach einem Jahr gefragt, ob ich mitkomme nach Wittingen bei Hannover, um ein neues Knorr-Werk mit aufzubauen. Ich übernahm viel Verantwortung bei der Einrichtung und Einarbeitung von neuen Laborfachkräften.

Es wurde immer nur ein halbes Jahr gearbeitet während der Kartoffelernte. Dann war Ruhe, das Werk ging zu. Das erste Mal ging ich zurück nach Heilbronn. Nach der zweiten Saison in Wittingen sagte ich mir, nein, jetzt kenne ich diese Orte, ich möchte wieder in die Nähe zu meinen Eltern bei Freiburg. Informationen verbreiteten sich damals wie ein Lauffeuer, man redete, wusste von anderen, die in Basel eine Stelle bekommen hatten. Daher bewarb ich mich bei der Firma Sandoz, sie hat mich genommen.

In Basel waren viele Firmen, Ciba Geigy, Roche ..., die Leute wurden gesucht, viele waren Frauen, sie kamen aus Deutschland, Österreich, Holland und Frankreich, natürlich auch Männer. So lernte ich meinen Mann kennen, er kam aus Deutschland, als Textil-Chemie-Ingenieur, alles, was mit Färben zu tun hat. Schweizerinnen habe ich nicht gesehen, soweit ich mich erinnere – überhaupt hatten damals nicht so viele Frauen eine Ausbildung. Vielleicht waren sie im Verkauf oder machten Heimarbeit. Bei Sandoz arbeitete ich sieben Jahre.

Mit der Geburt meiner Tochter musste ich meine Stelle aufgeben. Damals arbeiteten keine Frauen, die Kinder hatten. Mein Mann wollte das auch nicht. Sein Vater war im Krieg gefallen, und seine Mutter hatte ihn allein erziehen müssen. Sie musste immer arbeiten, und er wurde von einem zum anderen hingeschoben mit dem Schlüssel um den Hals. Er hatte das schrecklich gefunden und sagte: «Ich will nicht, dass mein Kind so etwas mitmachen muss wie ich!» Man kann da niemandem die Schuld geben, er hat das so stark empfunden. Also blieb ich elf Jahre zu Hause, bis ich entschied, jetzt will ich wieder arbeiten! Ich begann bei der Lonza – mit Desinfektionsmitteln. Ich blieb 23 Jahre, bis zu meiner Pensionierung. Anfangs arbeitete ich 80% und bin mittags sogar heimgekommen, um mit meiner Tochter zu essen, das Labor war so nah.

Meine Tochter war stolz, als ich arbeiten ging! Es hat mich viel Kraft gekostet, meinen Mann davon zu überzeugen, dass ich wieder schaffen gehen wollte. Hinterher war er froh. Er hat eingesehen, dass es okay war und es mir gutgetan hat.

Ganz am Anfang, 1964 war das, lebten wir beide in so etwas wie Wohngemeinschaften. Nach der Hochzeit suchten wir eine Wohnung und landeten in einer Überbauung der Sandoz in der Lachmattstrasse. Dort wohnten Familien aus Deutschland, Österreich, Italien und auch viele aus der Schweiz. Es gab grosse Spielflächen, die Kinder konnten machen, was sie wollten. Mittendrin war ein Kindergarten. Es war prima dort, eine Ruhe war das, alle haben sich verstanden. Wir haben uns da hingesetzt und erzählt, und die Kinder haben gespielt. Ich habe neulich wieder eine Frau getroffen, und wir erinnerten uns, gell, das war schön, als wir alle mit den Kindern dort gesessen sind! Es war so angenehm, aber wir hatten nur eine kleine Wohnung. Niemand wollte aus den grossen Wohnungen ausziehen, und so haben wir 1983 dieses Haus gekauft, in dem ich jetzt lebe.

Als meine Tochter drei war, bin ich ins Mutter-Kind-Turnen gegangen und habe viele weitere Frauen kennengelernt. Hier gibt es einen Turnverein, sagten sie, kommst du auch? So bin ich zum SVKT gekommen, dem Schweizerischen Verband Katholischer Turnerinnen. Da hat es mir gefallen. Bald habe ich vorgeturnt, dann, nach einer Fortbildung, leitete ich mehr als zwanzig Jahre lang Gruppen. Ich war im Vorstand und bin aktives Mitglied seit bald fünfzig Jahren. Ich turne noch heute bei den jungen Frauen *(schmunzelt)*. Ich denke, dass jeder Mensch, der neu nach Muttenz kommt und in einen Verein geht, wirklich gut aufgenommen wird. Bei uns haben wir Leute verschiedener Nationalitäten, wir turnen zusammen und machen Ausflüge. Ich konnte als Turnlehrerin auch etwas von meinen früheren Erfahrungen einbringen.

In Polen haben wir natürlich bei jedem Anlass getanzt, als Kinder auch in den Schulpausen, immer getanzt. Als ich hier meine Gruppe leitete, begann ich jeweils mit einem Volkstanz, so hatte ich die Leute beisammen.

Und wenn ich mal eine alte Frau treffe, kommt es auch: «Das war immer so schön, der Volkstanz zuerst, danach ist es weitergegangen.» Seit dieser Zeit gehe ich einmal im Jahr, drei Tage lang, in der Nähe von St. Gallen tanzen. Wir kommen aus der ganzen Schweiz, wir sind viele, vielleicht dreissig oder vierzig Frauen. Da ist was los! Mit Volkstänzen aus aller Welt, nicht nur aus der Schweiz, auch israelische und polnische und russische und weiss Gott was alles. Von einem solchen Tanzlager habe ich einen Spruch von Joseph von Eichendorff im Portemonnaie, der mich begleitet:

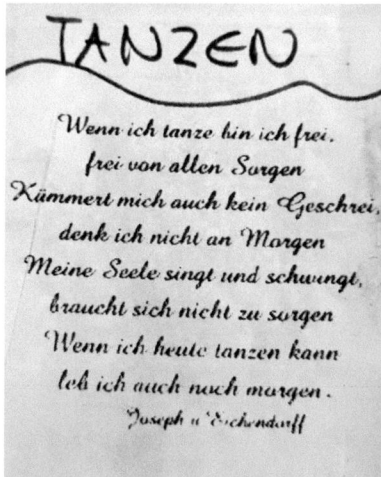

Zettel im Portemonnaie
mit Spruch von Joseph
von Eichendorff

Genau, und ich tanze bis heute. Etwa dreissig Jahre war ich beim Fitnesszentrum John Valentine, dort lernte ich Zumba und Step kennen, Latino Dance und so. Das ganze Fitness mag ich nicht, ich suche Orte, wo ich tanzen kann. Heute Morgen war ich zum Step in Muttenz. Ich muss mir die ganzen Choreografien merken, die sind immer anders. In meinem Alter ist es wichtig, ein bissle im Kopf zu arbeiten. Ich bin über achtzig. Und ich habe Freude! Das ist meine Therapie! Die Musik und mit den Menschen zusammen tanzen, und nachher bin ich wieder weg. Letztes Jahr ging ich wieder in ein Tanz-lager und brachte einen Spruch von Yoko Ono mit: «Es ist besser, durchs Leben zu tanzen als durchzumarschieren.»

Ich fühle mich in der Schweiz schon zu Hause, aber wenn ich im Herzen schaue, gibt es trotzdem viele Sachen, die mir hier oder auch in Deutschland fremd sind. Im Herzen bin ich doch aus Polen. Ich war ein paar Mal in Polen, aber jetzt habe ich keine Verwandten mehr dort. Das Land ist auch sehr schön, Oberschlesien nicht, dort ist In-dustriegebiet. Es gibt riesige Weiten und Weizenfelder. Und die Seen bei der Ostsee sind fantastisch, viel mehr naturbelassen und nicht so zugebaut. Polen ist schön! Ich war froh, dass ich noch polnisch reden konnte, mit meiner Mutter habe ich polnisch gesprochen und mit Nichten und Neffen. Meine Tochter hat mir vorgeworfen, dass ich es ihr nicht beigebracht habe, aber ich dachte, so gut und korrekt kann ich es nicht, um es weiterzugeben. Zudem wird in Oberschlesien Dialekt gesprochen, das war nicht das Hoch-Polnisch.

Ich würde nicht zurück nach Polen gehen, auch nicht unbe-dingt nach Deutschland. Ich fühle mich in der Schweiz wohl und bin froh, hier zu sein. Es ist alles gut, aber manches … Natürlich kommt noch etwas dazu: Wäre mein Mann z.B. Schweizer gewesen, wäre das wieder anders, doch mein Mann war Deutscher, auch wenn er später Schweizer wurde.

Ich habe etwas beobachtet, aber nicht selber so erlebt. Mir ist aufgefallen, dass viele Frauen von ihrem Mann Haushaltsgeld erhielten und mehr nicht. Das wurde ein-geteilt für Kind, Küche, Kirche, irgendwie so angedacht.

Das hat mir nicht gefallen. Ich finde, die Frauen waren also wirk-lich angebunden, sie waren von ihrem Mann abhängig. Das hat sich, glaube ich, inzwischen geändert. Hinzu kam, dass damals nur der

Mann die Steuererklärung ausfüllte, die Frauen mussten nicht unterschreiben und wussten so gar nicht, was die Männer verdienten. In Deutschland sind die Frauen viel früher selber arbeiten gegangen, in der Schweiz blieben sie viel länger zu Hause. Bei meinen Eltern wussten beide, was sie haben und verdienen. Ja, und in Polen war es so wie in den ganzen kommunistischen Ländern: Es gibt von klein auf Kindergärten, Schule, es wird auf die Kinder aufgepasst, und die Mütter gingen immer schaffen. Das war selbstverständlich, ich war von klein auf im Kindergarten, bis meine Mutter mich abgeholt hat. Das gab es hier alles nicht. Ja, es gab den Kindergarten, aber der war nur von neun bis elf Uhr, da kann ja keine Frau arbeiten gehen.

Ich glaube, die Region Basel, und damit auch Muttenz, war stets offen für ausländische Familien – das war nicht überall so in der Schweiz. Eine Turnerin erzählte, sie hätte in einem kleinen Dorf allein wegen ihres italienischen Namens Probleme bekommen. Wir haben es gut miteinander in der Nachbarschaft. Nur ganz am Anfang wohnte hier ein Mann, der war schrecklich. Zweimal sind Polizisten gekommen, denn er hatte sich beschwert, dass unsere Katze bei ihm auf dem Weg gehe. Wir mussten die Katze abgeben, was für ein Theater. Meine Tochter fragt noch heute: «Warum habt ihr das gemacht?» Wir wollten keinen Streit. Erst als er wegzog, merkten wir, dass er alle schikaniert hatte.

Ich liebe auch das Reisen. Wir konnten es uns leisten, viel zu reisen. Wir waren offen für andere Kulturen. Auch meine Tochter zog es nach der Schule ins Ausland zum Studieren und die Welt erleben, z.B. mit der Internationalen Musicalgruppe «Up with People». Ja, mit solchen Erlebnissen, denke ich, schaut man mehr auf den Menschen und weniger auf die Nationalität. ●

Das Gespräch für dieses Portrait wurde am 4. April 2022 bei Margot Merk zu Hause geführt. Da sie als Jugendliche nach Deutschland kam und dort die Schule besuchte, ist Deutsch ihre Alltagssprache. Die Worte von Joseph von Eichendorff konnten wir in dieser Form nirgends finden, doch das ändert nicht deren Bedeutung für Margot. Für ihr Portrait hat sie eine Fotografie zur Verfügung gestellt, auf der sie gemeinsam mit ihrer Mutter zu sehen ist, aufgenommen etwa 1994. Margots Mutter kam regelmässig nach Muttenz zu Besuch.

Auch wenn es eine Herausforderung ist, das System hier schnell in den Kopf zu kriegen, will ich nicht aufgeben, das ist keine Option für mich. Ich bin sicher, jede Situation hat etwas Positives. Darauf will ich mich konzentrieren. Ich sage mir, jeder Tag hat die Möglichkeit, der beste im Leben zu sein. Warum nicht heute?

O Liudmyla Rybalko

geboren 1983 in der Ukrainischen Sozialistischen Sowjetrepublik, seit 1991 Ukraine

Unser Leben in der Schweiz ist Neuland. Wir kennen nicht die Sprache, die Kultur oder die Gesetze. Wir haben keine Arbeit und nichts. Ich habe gesagt, ich muss mit vierzig nochmals geboren werden. Wir sind hier, oft mit Kindern ohne Männer, ohne Freunde, ohne jemand. In dieser Situation muss jede Frau stark sein, wir haben keine andere Option. In der Ukraine hatte ich ein normales, gutes Leben. Wir hatten unser eigenes Haus in einem Vorort von Sumy, mit einem grossen Garten, mit vielen Blumen, aber auch Himbeeren, Erdbeeren, Johannisbeeren, Gurken, Tomaten … alles!

Ich war keine arme Frau, ich suchte nicht ein neues Leben. Aber es passierte so. Ich musste gehen, um meine Kinder zu schützen. Sumy war eine der ersten Städte, die von russischen Soldaten Richtung Kiew durchquert wurden.

Wir sahen viele und konnten nicht verstehen, was passiert war. Es war nicht Angst, es war Horror! Ich bin nicht sofort in die Schweiz gekommen, erst zwei Monate später. Ich dachte, nach ein paar Tagen oder Wochen wird alles enden. Aber es war Stress jeden Tag, es gab immer wieder Luftalarm, bis es zu viel wurde für meine Nerven.

Sumy ist meine Heimat, im Nordosten der Ukraine. Hier habe ich mein Leben verbracht. Mein Vater ist in Sumy geboren, meine Mutter kommt aus einer anderen Stadt. Meine Eltern haben sich im Studium kennengelernt, während eines Praktikums in einer grossen Fabrik, Mama als Ingenieurin, Papa als Metalldrechsler. Diese Fabrik in Sumy wurde ihr Arbeitsplatz bis zur Pensionierung. Beide leben bis heute in der Ukraine.

Während meiner Schulzeit wählte ich den Schwerpunkt Mathematik und hatte gute Noten. Ich konnte an unserer Universität Finanzwesen studieren und schloss mit einem Master ab. Bereits in der Ausbildung traf ich meinen späteren Mann, er studierte im letzten Jahr Buchhaltung und ist fünf Jahre älter als ich. Wir blieben zusammen. Ich war voller Energie und dachte: Die ganze Welt für uns! Wir hatten nicht viel, aber es entsprach meinem Traum, gemeinsam etwas aufbauen zu können. Ich begann in einer Bank zu arbeiten. Mein Mann entwickelte sich beruflich weiter, er ist sehr intelligent und baute sich ein Business als Generalunternehmer auf. Er baute Häuser oder renovierte alte Gebäude und verkaufte sie. Ich war immer sicher, dass wir genug zu essen hatten und Kleider, alles, was wir brauchten.

Bald kam unsere Tochter zur Welt. In der Ukraine haben Frauen bis drei Jahre nach der Geburt Mutterschutz und können auf ihren alten Arbeitsplatz zurückkehren. Nach drei Jahren ging ich also wieder zur Bank. Bei der Arbeit dachte ich an meine Tochter, zu Hause dachte ich an meine Arbeit. Emotional war das schwierig, und meine Tochter war oft krank. So habe ich aufgehört, auf der Bank zu arbeiten. Ich musste nicht erwerbstätig bleiben, wir hatten genug zum Leben. Bei uns gehen Frauen oft nicht arbeiten, wenn der Mann genug Geld verdient. Fünf Jahre nach der Tochter habe ich unseren Sohn geboren.

Mit zwei Kindern, mit dem Haus und dem Garten hatte ich viel zu tun. Aber ich wollte nicht stets zu Hause sein und überlegte: Was soll ich machen? Ich mag backen. Vielleicht kann ich das lernen. Ich beschloss, einen Online-Kurs zu nehmen, und probierte zu Hause alles aus: Macarons, Kuchen, kleine und grosse Desserts, Pralinen. Dann erzählte ich anderen davon und zeigte ihnen meine Produkte. Schliesslich erhielt ich von meiner Freundin eine Bestellung. Die Aufträge wurden immer mehr, und während der Coronazeit startete ich so etwas wie ein Geschäft.

Meine Marke hiess einfach «Liudmyla». Ich klebte einen Sticker mit meiner Telefonnummer und meiner Instagram-Adresse auf jede Geschenkschachtel, damit die Beschenkten mich kennenlernten. Meine Backstube war zu Hause.

Ich hatte genug Platz. Ich lernte zu fotografieren, denn ich kann zwar eine schöne Torte machen, jedoch ein schlechtes Foto davon. Ich hatte mir extra eine kleine Fotozone aus Holz gebaut, darin konnte ich meine Produkte gut darstellen. Manchmal machte ich sogar kleine Videos. All das stellte ich auf Instagram, um meine Arbeit zu zeigen und Werbung zu machen. Über das Internet konnten die Leute Bestellungen aufgeben, die ich sogar nach Hause lieferte. Das war einfach für mich, denn ich hatte ein Auto und musste sowieso täglich meine Tochter nach Sumy zu ihren Tanz- und Musikstunden fahren. Diese Arbeit hat mir viel Freude gemacht, und ich konnte sie mit dem Programm der Kinder gut vereinbaren. Die Leute bestellten oft und viel. Nicht selten musste ich sagen: Entschuldigung, ich habe keine Zeit, ich möchte auch manchmal schlafen. Denn häufig musste ich in der Nacht backen und dekorieren, zum Beispiel für eine Geburtstagsfeier am nächsten Tag. Ich liebte das Dekorieren, nicht einfach nur backen! Ich war oft müde am Ende, aber wenn ich das fertige Produkt sah, wusste ich, was ich in der vielen Zeit gemacht hatte. Kreativ sein plus Leute glücklich machen ist ein positiver Moment! Zum Beispiel die Herstellung von Hochzeitstorten fand ich besonders interessant. Das Kreative hat mich erfüllt und mir Energie gegeben. Meine Familie hat das nicht immer verstanden, zum Beispiel an Weihnachten, auch für uns ein Familienfest, musste ich oft arbeiten. Doch ich sagte, ich möchte das machen.

Ja, ich brauche Arbeit, bei der ich glückliche Leute sehen kann. Am Anfang hat mir mein Mann geholfen, Backformen und andere Sachen zu kaufen. Ich verdiente mit Backen nicht so viel Geld. Als Geschäftsmann verstand er nicht, wieviel mir diese Arbeit gegeben hat. Für ihn musste es höher hinauf gehen, mehr rentieren. Er verbrachte viel Zeit im Büro, er ging am Morgen und kam am Abend nach Hause. In dieser Zeit ist bei uns, finde ich, viel passiert, aber er sah das nicht – so viel zu diesem Thema. Er hat Geld verdient. Aber jetzt kann man nichts mehr verkaufen, niemand braucht diese Häuser in der Nähe zu Russland. Es ist sehr kompliziert geworden. Trotzdem versucht er, positiv zu bleiben und sagt: «Okay, ich suche etwas Anderes, und wir schauen, ob es geht.» Meine Idee war damals, mehr zu lernen und später eine Konditorei oder ein Café zu eröffnen, mit mehreren Leuten. Zuerst wollte ich selber verstehen, wie das funktioniert, doch heute, mit der Situation in der Ukraine, weiss ich nicht, wo ich das machen könnte... Ich bin in die Schweiz gegangen wegen meiner Freundin, die schon mehr als zehn Jahre in Basel wohnt. Sie sagte: «Komm zu mir für ein paar Monate, du musst ein wenig Ruhe finden mit den Kindern.»

Es war schlimm, ich schlief nicht mehr, ich habe einfach funktioniert. Ich muss gesund bleiben für meine Kinder, ich darf nicht verrückt werden, das ist auch wichtig.

So sagte ich mir, okay, ich gehe zu meiner Freundin, bald endet der Krieg sicher, und ich kann zurückkommen, denn mein Sohn muss im September in die erste Klasse gehen. Das war im Mai 2022. Ich dachte, Juni, Juli, August, das ist genug. Aber bis heute bin ich hier.

Zum Glück habe ich positive Erfahrungen gemacht, weil ich immer sehr gute Leute treffe. Die ersten waren unsere Gastfamilie Meyer in Muttenz, bei der wir fünf Monate wohnten. Sie sind freundlich, sehr offen! Sie haben alles gemacht, damit wir uns wie zu Hause fühlten. Auch die Grosseltern haben mit mir Kontakt, es ist eine grosse Familie, und mit uns wurde sie noch grösser. Ich habe das Gefühl, ich kenne sie seit hundert Jahren. Sie haben uns unterstützt, mit der Sprache, mit allen Fragen, bis heute. Sie sagen immer: «Fühlst du dich allein? Nein, du bist nicht allein, du hast Familie hier, du kannst jederzeit etwas fragen, wir können uns treffen.» Ja, das war und ist immer noch sehr gut! Ich kenne andere Leute, die direkt eine Wohnung zugewiesen bekamen. Das erscheint mir schlimm. Ich konnte z.B. fragen, wohin muss ich den Abfall bringen, oder, wo kann ich Säcke kaufen, ganz einfache Alltagsfragen, das hat mir viel geholfen.

Ich habe sofort einen Deutschkurs begonnen, das Alphabet kannte ich bereits, denn wir hatten Englisch in der Schule. Bald hat mir die Gemeinde einen Berufscoach vermittelt, um eine Arbeit zu finden. Wir haben besprochen, was ich gelernt habe, was hier möglich ist, und wie er mir helfen kann. Zuerst machte ich im Gartencenter Wyss ein Praktikum. Das war interessant, aber es war keine Stelle frei. Zudem muss man gut Deutsch sprechen, denn eine Person muss alles machen können, sowohl den Verkauf als auch die Pflege der Blumen. Weil ich in der Ukraine gebacken hatte mit der Vision, später ein Café zu eröffnen, entstand daraus die Idee für das Dienstagscafé für ukrainische Leute im reformierten Gemeindehaus Feldreben. Der Diakon hat das sehr unterstützt.

Ich sagte, wir können uns dort treffen, denn ich bin nicht die Einzige, die Arbeit sucht. Wir können uns austauschen und gemeinsam gute Ideen finden. Vielleicht können wir zusammen etwas bewegen. Viele Leute fühlen sich so wie ich manchmal, alles erscheint ihnen schlecht. Wenn wir miteinander sprechen, ist das auch gut für die Seele.

Sich unterstützen! Zum Beispiel alte Leute, sie kennen kein Deutsch und niemanden hier und fühlen sich einsam. Beim Treffpunkt können sie sich ausdrücken und wieder ein wenig frische Luft bekommen. Nicht nur körperlich gesund bleiben, sondern auch mental. Manchmal sagt jemand ein Wort, und es geht besser, viel besser, das ist wichtig. Am Anfang hatten sie Fragen, wie hier Schule und Arbeit funktionieren. Wir organisierten z.B. mit der Organisation WIDE Switzerland einen Kurs über Fragen zum wirtschaftlichen und politischen System in der Schweiz aus Frauensicht. Mit der Zeit kamen weniger Leute, denn jetzt kennen sie sich bereits besser aus. So schloss dieses Dienstagscafé Ende 2023. Wir sind weiter in Kontakt mit der Kirche, ich kann fragen, wenn wir einen Raum brauchen, das ist gut zu wissen.

Im Frühling 2023 machte mich der Berufscoach auf das Café Più aufmerksam. Ich durfte mich vorstellen als Aushilfe. Ich sagte, ich kann auch mehr machen. Schliesslich hatte ich während neun Monaten eine Teilzeit-Stelle. Der Chef brauchte jedoch für seinen Betrieb ein höheres, flexibleres Arbeitspensum. Ich kann nur etwa 50% in derjenigen Zeit arbeiten, in welcher die Kinder in der Schule sind. Diese Arbeit war eine gute, sehr interessante Erfahrung für mich, und ich bin äusserst dankbar dafür.

Jetzt habe ich wieder Zeit für Deutsch *(lacht)*. Weil ich gearbeitet habe, musste ich mit dem Deutschkurs aufhören. Nun nehme ich mir Zeit dafür, denn jeder Beruf braucht ein B1-Zertifikat. Vor einem Jahr hatte ich den B1-Kurs schon absolviert, aber ohne Prüfung. Ich hatte ja Arbeit und dachte, ich brauche kein Zertifikat. Inzwischen habe ich viel vergessen. Ich mache Schritt für Schritt, es gibt B1.1, B1.2, B1+ ... Ich muss wiederholen, lernen, korrekt zu sprechen und schwierige Wörter zu verstehen. Das ist wichtig für die spätere Arbeit. Ein Diplom ist auch bedeutsam, weil der Lohn für dieselbe Arbeit vielleicht besser ist. Möglicherweise kann ich auch hier zur Universität gehen, aber das braucht Zeit, und ich weiss nicht, wie lange ich hier bin. Und ohne Dokumente ist das schwierig, denn unsere Diplome gelten hier nicht. Deshalb denke ich: Für die Zukunft muss ich Deutsch lernen, für jede Situation, egal, wo ich arbeite.

Ich lerne Deutsch, man kann mich verstehen, aber das klingt, als ob ich keine intelligente Frau wäre. Ich weiss oft, was ich sagen will, ich habe in meinem Kopf viele Ideen, aber dann sage ich das, was ich kann. Ich kann sprechen, aber nicht reichhaltig über interessante Themen.

Deshalb möchte ich es richtig lernen und mit Leuten sprechen, die keine Fehler machen. Zudem finde ich es spannend, von anderen Situationen und Erfahrungen zu hören. Je mehr wir kommunizieren, umso schneller können wir uns integrieren. Das ist besser, als alleine zu Hause zu sitzen. Inzwischen kenne ich viele Leute, z.B. organisiert Frau Meyer Treffen mit ihren Freundinnen. Wenn ich die Gelegenheit habe, erzähle ich von der Ukraine, denn ich weiss, dass viele Leute hier mein Land nicht kennen. Unser Land ist ganz vielfältig, wir haben Berge, wir haben Meer, wir können alles produzieren, und wir könnten reicher werden. Also, nicht alles ist immer gut *(lacht)*. Vor dem Krieg sind die Menschen viel gereist und konnten sehen, wie es anderswo ist. Vor allem in den Sommerferien reisten viele Familien zumindest ans Meer, in die Türkei oder nach Europa, je nachdem, wieviel Geld sie hatten. Wir haben unsere Kultur, unsere Traditionen, ja, und wir sind auch progressiv in unserem Land. Es gibt viele verschiedene Firmen, die für den Weltmarkt produzieren. Unser Land hat sich stark entwickelt, die Menschen sind unternehmerisch aktiv, es gibt viel Konkurrenz, z.B. bei Dienstleistungen wie Cafés, in Kosmetik- und Coiffeursalons oder Läden. Die Menschen sind immer in Bewegung, probieren aus, lernen und ändern etwas, das ist sehr kreativ und innovativ. Unser Land war die letzten Jahre in einem grossen Aufbruch.

In der Schweiz schützen die Leute ihre Traditionen, das fällt mir auf, als gutes Beispiel für uns. Wir müssen auch lernen, wie wir unsere Kultur und unsere Sprache am Leben erhalten und schützen können. Dies ist ein grosses Thema, z.B. habe ich vierzig Jahre im Alltag russisch gesprochen, denn in Sumy reden fast alle russisch, das ist die Nähe zur russischen Grenze und das Historische. Aber auf Ämtern oder im Studium sprach ich ukrainisch. Jetzt ist es für mich wichtig, nur ukrainisch zu sprechen, denn jeden Tag sterben unsere Leute, weil Russland nicht will, dass die Menschen die ukrainische Sprache und Kultur lernen und leben. Allerdings ist dies für meine Kinder hier schwierig, weil in Muttenz viele Menschen aus der Ukraine Russisch sprechen. Ich weiss, dass einige nur wenig Ukrainisch sprechen. Ich spüre, dass es für sie nicht einfach ist, sich damit auszudrücken, sodass sie lieber weiter russisch reden. Doch ich spreche mit meinen Kindern ukrainisch, denn ich möchte, dass meine Kinder die ukrainische Sprache verstehen. Okay, Deutsch ist auch wichtig, daher habe ich gesagt, in meiner Wohnung kann man deutsch oder ukrainisch sprechen. Nichts anderes! So. Das ist wichtig für mich als

Ukrainerin: Wir müssen helfen, unsere Kultur zu stärken, damit unsere Kultur lebendig bleibt.

Meine Kinder haben ihren Vater zwei Jahre nicht gesehen, aber wir sind regelmässig in Kontakt. Bisher musste er nicht ins Militär gehen, er hat auch keine Ausbildung dafür. Das Ganze ist schwierig, je länger der Krieg dauert, je mehr Leute sind jetzt im Militär. Die Ukraine ist so klein und Russland ist so gross, mit viel mehr Menschen, die als Soldaten kämpfen können. Wir haben immer weniger, wir müssen Leben retten, und jetzt sind wir auch müde.

In einem Moment möchte ich wieder zurück nach Hause, im nächsten Moment verstehe ich, dass es hier besser ist für die Kinder, weil sie vielleicht viele Möglichkeiten haben für die Zukunft. Dann wieder denke ich, dass ich schon zu alt bin, um ein neues Leben in einem neuen Land zu starten. Es ist ein ewiges Hin und Her der Gefühle. Ich weiss nicht, wie ich planen kann. Da ich nicht weiss, was morgen sein wird, mache ich etwas Kurzes, das ich kontrollieren kann.

Ich kann diesen Tag kontrollieren, okay. Heute kommt es gut. Aber weiter zu denken, wage ich oft nicht, denn da sehe ich viele Unsicherheiten und Probleme. Und doch gehört es zu meiner Verantwortung, mit den Kindern an morgen zu denken.

Ein solches Beispiel ist die Schule hier. Mein Sohn geht in die zweite Fremdsprachenklasse, dort spricht er nur deutsch. Sie spielen, tanzen und lernen nicht so viel. Daneben besucht er online eine Schule in der Ukraine, denn egal, wo du wohnst oder lebst, du musst deine Muttersprache kennen. Er lernt auch Mathematik mit einem schwierigen Programm, so weit sind sie hier noch nicht. Mein Sohn hat gesagt, er mag die Schule in der Schweiz … *(lacht)*. Im ersten Jahr habe ich mich gefragt, was ist das? Das ist unmöglich! Solch ein gutes Land mit viel Technologie – warum ist der Unterricht so wenig anstrengend? Doch jetzt verstehe ich die Idee dahinter, und ich finde sie gut. Hier sind Kinder offener, sie haben mehr Vertrauen in ihre Fähigkeiten, ihre Selbstsicherheit wird gestärkt. Bei uns geht es vielmehr um «wissen, Mund zu, und dies musst du machen!». Z.B. weiss ein Kind über etwas Bescheid, aber es hat Angst, es auszusprechen. Hier sehe ich sehr offene Kinder – mir gefällt das –, sie können sagen, was sie denken ohne Angst. Es ist sinnvoller für das Leben, wenn du dein Wissen nutzt. Besser, du weisst etwas weniger, doch du gehst weiter ohne Angst, du getraust dich, Fehler zu machen und auszuprobieren, nochmals und nochmals. Wenn ich so nachdenke, sage ich mir, okay, das Leben schenkt mir diese Situation, ich bin dankbar, und wir machen weiter mit dieser Schule. Aber im Fall der Mathematik hat mein Mann in der Ukraine Bücher gekauft, und damit lernen wir trotzdem!

Manchmal spüre ich keine Kraft mehr, aber dann frage ich mich, wer macht das, wenn nicht ich? Ich helfe meinen Kindern, und die Kinder helfen mir. Meine Tochter ist dreizehn, mein Sohn acht, wir unterstützen uns gegenseitig als Familie, das finde ich normal. Wenn ich die Zuversicht verliere, kommt mein Sohn: «Mama, du machst alles gut! Alles in Ordnung. Wir brauchen nicht so viel.» Und ich will wieder betonen: Ich habe viele gute Leute getroffen, auch sie ermutigen mich immer, sie sagen, dass ich es gut mache, und ich denke, nein, das stimmt ja nicht ... Trotzdem freut es mich, dies zu hören *(lacht)*. Mich nicht verschliessen, ist mir wichtig, dazu gehört auch das Zuhören. Manchmal sagt eine Freundin zu mir: «Alles in Ordnung, alles in Ordnung, alles in Ordnung ...!» Und ich verstehe, dass eben nicht alles in Ordnung ist *(lacht)* – und ja, dann muss ich zu ihr gehen!

Auch wenn es eine Herausforderung ist, das System von hier schnell in den Kopf zu kriegen, will ich nicht aufgeben, das ist keine Option für mich. Ich bin sicher, jede Situation hat etwas Positives. Darauf will ich mich konzentrieren. Ich sage mir, jeder Tag hat die Möglichkeit, der beste im Leben zu sein. Warum nicht heute? Ich kann das Maximum dafür geben, auch wenn wir in den Nachrichten lesen, was alles passiert. Und wie kann ich helfen? Es gibt in Muttenz ein paar ukrainische Frauen, die jeden Samstag backen und ihre Sachen verkaufen. Wir können spenden, wir können mit anderen Leuten in Kontakt kommen und von der ukrainischen Kultur und unserem Land erzählen.

Es stört mich, wenn mich jemand kennenlernt und denkt, alle Ukrainerinnen seien so wie ich, egal, ob ich etwas gut mache oder schlecht.

Ich glaube, es ist wichtig zu zeigen, dass wir ganz unterschiedliche, normale Menschen sind, um Vorurteile und Stereotype abzubauen. Als ich in die Schweiz ging, hatte ich nur einen Koffer. Ich packte das Nötigste ein und fragte mich, was kann ich nicht kaufen? Fotos! Fotos unserer Kinder. Davon habe ich mitgenommen, ein paar Portraits vom Regal. Meine Mama hat sogar ein Portrait von meiner Tochter und meinem Sohn nachgestickt, naturgetreu, wie ein Foto. Dieses Portrait befindet sich jetzt noch bei meinen Eltern, in einem Rahmen unter Glas. Ich wollte es nicht auf die Reise mitnehmen, das schien mir zu riskant. Ich sagte zu meinem Papa, ich will das nicht verlieren, du musst zu dem Bild schauen. Das lässt sich nicht einfach kaufen oder Mama fragen, ob sie es nochmals sticken kann, denn das war eine grosse Arbeit und brauchte viel Zeit.

Ob ich einen Glücksbringer mitgenommen habe? Nein, denn ich denke, habe ich einen, bringt er mir Glück, aber wenn ich ihn verliere, was dann? Nein, sowas brauche ich nicht! ●

Wir führten das Gespräch mit Liudmyla Rybalko am 5. Februar 2024 in ihrer Wohnung in Muttenz, während beide Kinder in der Schule waren. Liudmyla kam zum Café International durch das Projekt «Bewegung in der Natur macht mich stark», einen Waldkurs für Kinder, an dem ihr Sohn teilnahm. Liudmyla bereitet sich auf die Sprachprüfung B1 vor. Mit diesem Zertifikat will sie unbedingt eine Arbeit finden, die sich zeitlich mit dem Schulprogramm ihrer Kinder vereinbaren lässt. Die Fotografie, die Liudmyla zur Verfügung stellt, hat sie gezielt für dieses Portrait ausgewählt, sie will damit ihre Beziehung «Ukraine – Schweiz» zeigen.

Der Glaube an Gott ist für mich eine grosse
Hilfe, jeden Tag, wenn ich den Alltag bewältige!
Ja, ich habe mein Herz geöffnet, und er kommt.
Er sagt: Wenn Leute es wollen, dann helfe ich.
Ich spüre den Heiligen Geist in mir, den Gott
geschickt und geschenkt hat.

O Sarah Kanagaritnam

geboren 1967 in Sri Lanka

Ich bin im Juli 1967 in Sri Lanka geboren und wuchs in Jaffna auf, wo ich zehn Jahre die Schule besuchte. Als meine Eltern heirateten, war mein Vater achtzehn und meine Mutter vierzehn Jahre alt. Ich habe daher immer gedacht, nach der ersten Periode müsse auch ich heiraten, bei meiner Hochzeit war ich allerdings 23 Jahre alt. Meine Mutter ist fünf oder sechs Jahre in die Schule gegangen, der Vater etwas länger. Mein Vater arbeitete als Mechaniker, er besass eine Garage für Kleintransporter. Wir waren zehn Kinder, von denen neun heute noch leben. Meine Mutter war mit uns beschäftigt und hatte immer Angst. Sie wollte uns kontrollieren – vor allem uns Mädchen, weil sie uns schützen wollte.

Meine Familie glaubt an den Hinduismus. Wir beteten Figuren an, das kann ein Elefant, eine Maus, ein Tiger oder auch eine schöne Frau sein. Mein Vater formte solche Sachen selber aus Metall, er machte dafür ein grosses Holzfeuer. Meine Mutter sagte stets, wir sollten diesen Figuren Blumen bringen. Ich wollte das nicht, dann hat meine Mutter geschimpft. Ich war fast immer gegen das, was sie sagte. Doch beide Eltern waren sehr nett, will ich sagen. Nie habe ich erlebt, dass mein Vater meine Mutter schlug, sie sind respektvoll miteinander umgegangen. Mein Vater sagte in meiner Kindheit, wenn du zwei Kleider hast, sollst du eines abgeben. Später dachte ich, sie haben Gott kennengelernt, denn ich las in der Bibel, Gott hat ebenfalls gesagt, wenn jemand Hunger hat und du hast zwei Brote, dann kannst du eines geben. So erlebte ich meinen Vater, ich wusste, sein Herz ist rein, er hat Gutes getan. Beide Eltern sind inzwischen leider gestorben.

Anfang der 1990er-Jahre war es in Sri Lanka ganz schlimm, es war Krieg, wie jetzt in der Ukraine. Die Kinder meiner Schwester wurden getötet. Wir sind eine «Krieger-Familie»: Ein Kind musste für den Krieg hergegeben werden. Ich wurde zur Sanität geschickt, sechs Monate lang leistete ich Dienst. Plötzlich sagte mein Vater, ich habe Angst, du musst fort. Meine Mutter wollte das nicht. Ich sollte zu meinem Mann nach Europa gehen, denn er war schon in der Schweiz, wir hatten im Jahr zuvor in Jaffna geheiratet.

Im Jahr 1992 habe ich das Land verlassen. Wäre ich dort geblieben, wäre ich jetzt vielleicht tot. Ich konnte nicht viel mitnehmen. In Colombo musste ich eine Woche in einer Unterkunft warten, ich hatte noch kein gültiges Visum. Wir waren dort sieben Mädchen, mein Vater hatte das so organisiert, er wollte nicht, dass ich andere

Männer traf, bei uns ist alles getrennt. Mein Vater blieb die ganze Zeit bei mir, aber er schlief nicht in der Lodge. Er kümmerte sich um meine Ausreise. Ich war sehr traurig, dass ich meine Familie verlassen musste. Ich mochte meinen kleinen Bruder so sehr, meine Eltern hatten nicht viel Zeit für ihn, daher war ich häufig mit ihm zusammen gewesen. Da sah ich ein Papier auf dem Boden liegen. Erst wollte ich es nicht lesen, aber dann nahm ich es auf – ich weiss, das hat Gott gemacht. Ich schaute es an, es war Tamilisch geschrieben, Worte des Propheten Jesaja, sie berührten mich tief: «Du wirst sein wie ein bewässerter Garten und wie eine Wasserquelle, der es nie an Wasser fehlt ...» (Jesaja 58:11).

Das Papier habe ich immer noch. Ich wusste nichts von Jesus, aber ich dachte an diesen Gott, und ich betete, wenn dieses Papier helfen kann, dann bitte, hilf mir zu leben. Plötzlich spürte ich, wie meine Angst wegging, und ich merkte, dass ich auch anderen Leuten helfen muss.

Schliesslich kam mein Vater und sagte, alles ist gut jetzt, morgen kannst du fliegen. Du hast Glück, du kommst direkt in die Schweiz. So erreichte ich Basel, ich war 25 Jahre alt. Ich kam ins Asylheim. Am zweiten Tag traf ich dort eine Frau aus Muttenz. Ich zeigte ihr das Papier und sie sagte, sie kenne das. Sie schenkte mir eine tamilische Bibel, in der sie mir eine andere Stelle zeigte, in der Gott sagt, habe keine Angst, ich bin da.

Ich hatte in meinem Leben so viele Probleme, normale Menschen können das nicht ertragen, aber ich habe gelernt, das zu tragen durch die besondere Liebe von Gott. Mein erster Sohn kam 1993, ein Jahr nach meiner Ankunft, zur Welt. Mein Mann hat jeden Tag getrunken. Und er schlug mich, zum Beispiel, als ich mit dem zweiten Kind schwanger war, mit einem Kabel. Einmal, als ich beim Arzt war für eine Schwangerschaftskontrolle, hat er gesehen, dass ich blutig geschlagen worden war. Er fragte, was passiert dieser Frau? Ich sagte lange nichts, weil ich nicht getrennt leben wollte, das ist auch nicht gut für meine Familie. Inzwischen hatte ich drei Kinder, und sie hatten Angst. Ich konnte das nicht mehr akzeptieren. Ich begann, mit anderen zu reden, was soll ich machen? Dann habe ich zu Gott gesagt, du weisst, dass ich ein schweres Leben habe, bitte öffne Türen, bitte bring mir Leute, damit ich etwas ändern kann. Da war die Sozialarbeiterin auf der Gemeinde, sie hat mir so viel geholfen bei der Trennung und Scheidung. Das Leben ist nicht immer einfach, aber ich weiss, Gott hat mir Kraft gegeben, um im Leben vorwärtszugehen. «Wir helfen schon», allein solche Worte von Leuten geben mir Kraft, oder «du schaffst das». Ich habe immer wieder sehr freundliche Menschen aus der Schweiz kennengelernt, vor allem viele Frauen, sie verstehen mich. Ich suche den Kontakt und komme schnell mit Menschen ins Gespräch. Ich erzähle ihnen von mir und sie erzählen von sich. Ich habe wirklich viel Unterstützung erhalten. Eine Frau kam, um bei mir zu putzen, mit einer anderen Familie konnten die Kinder mehrere Male in die Ferien gehen. Und wenn ich helfen kann, dann tue ich das auch gerne, zum Beispiel habe ich für meine betagte Nachbarin eingekauft, und meine Kinder haben ihren Hund spazieren geführt.

Ich habe mein Leben, doch vor allem muss ich zu meinen Kindern schauen – die Kinder sollen ein gutes Leben haben, und dafür muss ich da sein. Ich sagte immer, mein Ziel ist arbeiten, um mit eigenem Geld zu leben. Am Anfang erhielt ich Sozialhilfe, als Mutter mit drei Kindern ist es schwer, daneben Geld zu verdienen. Sie fragten mich, ob ich wieder zurückgehen möchte in mein Land, aber ich antwortete, ich kann das nicht, meine Familie hat so viele Probleme, es ist Krieg. Dann sagte ich mir, ich will keine Sozialhilfe mehr, ich muss Arbeit finden. Meine erste Stelle fand ich vor 23 Jahren im Krankenhaus. Ich bin zum Bruderholz-Spital gegangen. Damals konnte ich direkt in ein Büro gehen und mich bei der Verwaltung vorstellen. Eine Frau sagte am Empfang: «Warte, ich hole den Chef.» Der fragte mich: «Was möchten Sie arbeiten?» Ich hätte alles genommen! Ich durfte sechs Monate in der Küche arbeiten.

Ich verstand wenig, das Menu konnte ich nicht lesen, denn Tamil hat andere Schriftzeichen. So orientierte ich mich an den Farben, und ich bin noch heute dort im Service. Ich habe mir mein System entwickelt, damit ich meine Arbeit gut erledige. Wir arbeiten am Band, und jede hat ihre Aufgabe.

Ich hatte all die Jahre nicht den Kopf, richtig lesen zu lernen, für diese Arbeit ist das auch heute nicht notwendig. Inzwischen kamen mehrere neue Chefs, ich bin mit allen gut ausgekommen, sie kennen mein Leben und ich hatte nie Probleme. Ich hatte gleichzeitig verschiedene Anstellungen und Jobs, auch reinigen, Werbung austragen. Ich hatte eine Stelle in einem Restaurant, da wurde mir wegen Corona gekündigt. In dieser Zeit musste ich, um Arbeitslosengeld zu erhalten, jeden Monat acht Bewerbungen schreiben, obwohl die Restaurants wegen der staatlichen Massnahmen geschlossen waren. Ich mache alles, damit meine Kinder lernen können. Jetzt ist meine Tochter noch in der Schule, ich mache keine Ferien, denn ich will, dass sie lernen kann. Das sind Kosten, die ich tragen muss. Wenn meine Kinder einmal eine gute Arbeit finden, dann werde ich zufrieden sein.

Ich habe Heike kennengelernt, als meine jüngste Tochter sechs Monate alt war. Das ist siebzehn Jahre her. Der grosse Sohn lebte im Kinderheim aufgrund seiner Probleme in der Schule, die beiden kleinen Kinder waren bei mir. Wenn ich arbeitete, gingen sie ins Tagesheim. Im Tagi waren die Kinder sehr gut aufgehoben. Ich hatte das Gefühl, die Gruppenleiterin Maria half meinen Kindern über das Notwendige hinaus. Die Söhne von Heike waren in derselben Gruppe. Manchmal redeten wir miteinander, wir trafen uns auch an den Elternabenden. Dann kam es so: Das Tagesheim schloss um 18.00 Uhr seine Türen, und ich musste montags bis gegen 21.00 Uhr arbeiten. Anfangs durften meine Kinder bei Heikes Familie zu Abend essen, später konnten sie auch am Nachmittag dorthin kommen, um ihre Aufgaben zu machen. Das war eine grosse Hilfe für mich, wir haben bis heute eine besondere Verbundenheit. Und die Geburtstage von uns Frauen liegen nur einen Tag auseinander.

Meine Kinder wussten, dass ich ihnen in der Schule nicht helfen konnte. Manche Kinder denken, wenn ihre Familie sie nicht unterstützen kann, dann schaffen sie es ebenfalls nicht. Aber meine Kinder haben verstanden, dass sie alles machen können!

Gewisse Lehrpersonen haben uns viel geholfen! Wir lebten zusammen, wir redeten miteinander, und wenn ich etwas sagte, dann folgten meine Kinder – sie sind gute Kinder. Bei der Suche nach einer Wohnung habe ich auch Hilfe bekommen. Das war ein Erlebnis. Ich hatte eine Wohnung in der St. Jakob-Strasse, kennen Sie diese Wohnungen? Ich habe acht Jahre in diesem alten Haus gewohnt. Alles war kaputt, es gab Probleme mit dem Wasser, mit der Heizung, und ich zahlte 1200 CHF plus 300 CHF Nebenkosten. Dort wohnten viele ausländische Familien unter schlechten Bedingungen. Dann erhielten wir alle die Kündigung, weil das Haus neu gebaut wurde.

Ich suchte eine andere Wohnung und erzählte allen in meinem Umkreis davon. Die Frau unseres befreundeten Arztes sagte mir: «Wir schauen, ob du in der Genossenschaft eine Wohnung findest.»

Ich habe gebetet für eine schöne Wohnung, mit vier Zimmern für maximal 1300 CHF. Auf einem Formular musste ich mein Einkommen angeben, nur 2500 CHF, wie soll das gehen? Aber ich zeigte meinen Betreibungsauszug ohne Schulden. Die Frau im Büro sagte: Bringen Sie einmal Ihre Kinder, und sie waren ruhig und höflich. Doch dann sollte ich das Depot zahlen, 4000 CHF, und hatte kein Geld. Ich habe fest gebetet, ich wollte diese Wohnung so sehr, ich habe mich darauf konzentriert – und dann kam eine Schweizerin und sagte, sie habe Geld bekommen. Sie bezahlte das Depot für mich.

Meine Kinder sind hier geboren, aber Sri Lanka gibt ihnen kein Staatsrecht, sie waren also staatenlos und hatten keinen Pass, um zu reisen. Ich wünschte mir, dass meine Mutter die Kinder einmal sieht, daher wollte ich mich mit den Kindern einbürgern lassen. Ich bezahlte dafür viele Gebühren, ich hatte seit etwa zwanzig Jahren in Muttenz gelebt, ohne Schulden, alle notwendigen Befragungen und Tests hatte ich bereits bestanden, aber gerade zu diesem Zeitpunkt wurden im Kanton Baselland die sprachlichen Anforderungen für die Einbürgerung erhöht. Der Sprachtest musste mündlich und schriftlich erfolgreich bestanden sein. Leider hatte ich den schriftlichen Teil wiederholt nicht geschafft. Viele Leute setzten sich für meine Einbürgerung ein. Sie gelang nicht. Ich frage mich bis heute, warum der Kanton auf diesem Sprachzertifikat in meiner speziellen Situation so beharrte. Inzwischen wurden zwei meiner Kinder eingebürgert, und wir konnten ein erstes Mal gemeinsam nach Sri Lanka reisen.

Die Grossfamilien in Sri Lanka sind etwas Positives und wichtig. Man ist viel zusammen und ist nicht so gestresst. Ich habe das Leben mit meinen Eltern als gut in Erinnerung. Meine Kinder sollen ihre Muttersprache kennen, das ist mir wichtig. Deshalb haben sie sechs Jahre die tamilische Schule besucht, jeweils mittwochs. Jetzt können sie auf Tamilisch schreiben und lesen.

Hier in Muttenz rede ich nicht viel mit den Leuten aus meinem Land, weil sie nicht akzeptieren, dass ich geschieden bin. Sie denken okay, es gibt Probleme, aber man soll weiter zusammenleben.

Auch für meine Mutter war meine Scheidung ein Schock. Einmal sagte sie, ich sollte doch wieder heiraten. Aber ich antwortete, nein, ich hatte so schlechte Erfahrungen mit meinem Mann. Dreimal schon wollte ich sterben, aber Gott sagte mir, du musst leben. Einmal in Sri Lanka nach der Hochzeit und später kurz vor der Trennung. Ich wollte mir das Leben nehmen – ich hatte keine Familie, fühlte mich alleine, es gab nur Probleme mit meinem Mann. Die Kinder waren alle in einem Zimmer, ich wollte mich vor den Zug werfen. Ich ging zum Bahnhof in der Nacht ... aber dann kam ich wieder nach Hause, ich weiss nicht wie. Noch heute habe ich die Worte im Ohr: «Ich bin da! Du sollst leben!» *(weint)* Diese Stimme war in mir, es war eine gute Stimme. Danach habe ich jeden Morgen gedacht: «Ich muss leben.» Auch später hatte ich diese Sonne in mir, ein helles Licht – ich weiss, das schickt mir Jesus. Ich bin zuversichtlich, Gott hat einen grossen und wunderbaren Plan mit mir.

Einer meiner Brüder hat zehn Jahre nicht mit mir gesprochen, weil ich eine andere Religion angenommen habe. Er sagte: «Du bist nicht meine Schwester.» Ich erwiderte: «Ich habe nicht meine Kultur gewechselt, aber durch Gott eine andere Wahrheit kennengelernt, ich habe Wunder erlebt, das macht mich glücklich und froh.» Heute akzeptiert er mich, er kann anerkennen, dass ich eine starke Frau bin, aber über Religion will er nicht mit mir sprechen.

Ich war gebunden an mein Leben. Gott hat mich frei gemacht. Andere Menschen sollen auch diese Freiheit finden. In meinem Land gibt es verschiedene Religionen und Volksgruppen und Berufsgruppen. Es gibt dort eine strenge Aufteilung, wir dürfen uns nicht mischen, es gibt die Kasten. Wir sollten lernen, nicht in Kasten zu leben, sondern miteinander gut auszukommen, auch wenn wir unterschiedliche Kulturen und Religionen haben, dürfen wir uns nicht an Unterschieden festhalten. Ich habe erst hier in der Schweiz gelernt, dass diese Unterschiede weniger wichtig sind. Ich möchte für meine Kinder ein anderes Leben. Sie sollen nicht heiraten müssen, sie sollen nie so etwas erleben, wie ich es musste. Sie können sich ihr Leben selber wählen, ich habe keine Erwartungen.

Der Glaube an Gott ist für mich eine grosse Hilfe, jeden Tag, wenn ich den Alltag bewältige! Ja, ich habe mein Herz geöffnet, und er kommt. Er sagt, wenn Leute es wollen, dann helfe ich. Ich spüre den Heiligen Geist in mir, den Gott geschickt und geschenkt hat. Ich kann stehen bleiben oder vorwärtsgehen auf einem Weg in ein gutes Leben. Wenn ich den nötigen Willen und auch den Wunsch dafür habe, und selber dafür einstehe, wird Gott mich leiten, und ich kann den Weg gehen. Ich habe Probleme und kämpfe täglich mit ihnen, doch mit diesem Durchhaltewillen kann ich weitergehen. ●

*Für dieses Portrait trafen wir uns mit Sarah Kanagaritnam am
3. März 2022 in ihrer Wohnung. Es stellte sich die Frage, inwieweit
Sarah erlebte Probleme konkret beschreiben will. Wir sprachen
darüber, und sie betonte ihr Anliegen, auch schwierige Erfahrungen
benennen und von der Kraft ihres Glaubens erzählen zu wollen.
Sarah bezeichnet sich in diesem Portrait mit ihrem kirchlichen Vor-
namen und dem Familiennamen ihres Vaters. Die Fotografie, die sie
zur Verfügung stellt, zeigt Sarah anlässlich ihres 50. Geburtstages.*

*Im Zusammenhang mit den Schwierigkeiten, die Sarah bei ihrem
Einbürgerungsgesuch erlebte, halten wir fest: Die sprachlichen Anforderungen des Kantons Basel-Landschaft sind höher als die des
Bundes, wie den entsprechenden Webseiten des Staatssekretariats
für Migration (SEM) und des Kantons Basel-Landschaft entnommen
werden kann. Auf der Webseite des kantonalen Amtes für Migration
und Bürgerrecht finden sich Merkblätter zu den Anforderungen für
Aufenthaltsgenehmigungen, entsprechend der bestehenden Klas-
sifizierungen EU/EFTA/Drittstaaten (Stand November 2024).*

*Diese Quellen sowie «Weiterführende Informationen», siehe
Anhang ab Seite 162 in der Rubrik «Gesetzliche Grundlagen
und staatliche Umsetzung».*

Aus eigener Erfahrung weiss ich, wie sich Musik und Tanz auf die Moral auswirken können. Beim wöchentlichen Fitness unterstütze ich die Frauen in der Gruppe dabei, sich mit Zumba-Training und dem Austausch untereinander etwas Gutes zu tun.

O Grède Lionelle Pembe Mavoungou

geboren 1979 in der Republik Kongo

Ich war schon immer «un peu bandite», wie man bei uns sagte ...: Als Teenager wollte ich ausgehen, mit Freundinnen etwas erleben. Aber, als ich achtzehn Jahre alt war, ab 1997, hatten wir Bürgerkrieg in der Republik Kongo, das Land wird auch Kongo-Brazzaville genannt. Der bisherige, demokratisch gewählte Präsident war mit Gewalt abgesetzt worden. So, wie ich es erlebte, war es auch ein Krieg zwischen den Menschen aus dem Süden und denen aus dem Norden. Jetzt gingen die Menschen aufeinander los, es gab Gewalt, vor allem in der Hauptstadt Brazzaville, wo ich bei meiner Mutter wohnte. In meinem Quartier wurden viele Menschen umgebracht. Der Tod war allgegenwärtig. Wir hatten immer ein Gefühl der Angst, dieses Gefühl bleibt ein Leben lang. Es sind Feuergefechte, Kugeln, die sich verlieren. Beim Einschlafen weisst du nie, ob dich im Schlaf eine Kugel treffen wird. Die Leute, die Waffen auf sich trugen, waren oft Kinder, denen man die Waffen ohne Ausbildung gegeben hatte, sie schossen einfach los.

Trotz des Krieges lebte die Stadt. Man konnte auf den Markt gehen, sogar tanzen, eigentlich alles machen, und so ging ich mit meinen Freundinnen immer wieder in den Ausgang in das benachbarte Quartier Bacongo. Als ich die Strasse entlang ging, kam ein Auto mit Polizisten, und sie fingen einfach an zu schiessen. Plötzlich hörte ich dieses «toutoutou» hinter mir, etwas explodierte in meiner Handtasche, ich rannte in das nächste Haus, dort fand ich Schutz. Sie zogen mir vorsichtig die Kleider aus, um zu prüfen, ob ich nicht an meinem Körper getroffen worden war und es wegen des hohen Adrenalinpegels nicht spürte. Ich war unverletzt!

Ich wollte nur noch nach Hause und rannte, als die Schüsse aufhörten. Nach diesem Vorfall wurde mein Vater wütend, er hatte Angst: «Jetzt reicht es, du kannst hier nicht mehr bleiben, du gehst nach Pointe-Noire!»

Dort war es friedlicher. Ich erlebte das als Strafe, plötzlich war ich allein, ohne meine Familie. Pointe-Noire ist das wirtschaftliche Zentrum des Landes. Ich kam bei einer Schulfreundin meines Vaters unter, sie hiess Maman Jo und war eine tolle Frau. Sie zog ihre drei Töchter allein auf, wirklich bewundernswert. Sie war auch sehr nett zu mir, aber für mich war es schwierig, weil ich meine Familie sehr vermisste. Ich war noch jung, ein Teenager. Ich will von meiner Familie erzählen, sie ist gross. Wir waren sechs Kinder, drei Mädchen und drei Jungen, von denen leider zwei Geschwister bereits gestorben sind. Ich bin das fünfte Kind, neun Jahre nach mir wurde mein kleinster Bruder geboren. Ich wuchs auf wie ein Einzelkind, weil meine älteren Geschwister viel Zeit bei Tanten verbrachten, während ich bei meinen Eltern blieb. Diese wohnten nicht am selben Ort, meistens lebte ich bei meinem Vater, weil meine Mutter mit ihrer Ausbildung und Arbeit als Pflegefachfrau wenig Zeit übrighatte. Mein Vater war Lehrer, beide Eltern legten grossen Wert auf unsere Bildung und darauf, dass wir korrekt Französisch sprachen. Mal ging ich im Wohnort meines Vaters zur Schule und dann wieder bei meiner Mutter in Brazzaville, man nannte mich pigeon voyageur, die Brieftaube. Mit der Zeit wurde die Situation für mich stabiler, den Maturitätsabschluss machte ich vor dem Krieg mit dem Schwerpunkt Biologie in Brazzaville.

Im Bürgerkrieg konnten wir als enge Familie nicht zusammen Schutz finden. Unsere Verwandtschaft ist gross, manche Männer haben bis fünfzehn Kinder von mehreren Frauen, da entstehen tragende Netzwerke, wo im Notfall einzelne Menschen aufgenommen werden können. Meine Schwester und mein Bruder konnten nach Südafrika fliehen und leben noch heute dort. Mein Vater starb, als ich bei Maman Jo in Pointe-Noire lebte, er hatte eine Krankheit, vielleicht sogar Ebola. Die medizinische Versorgung war zusammengebrochen. Meine Mutter hat schwere Zeiten erlebt, sie lebt heute in Pointe-Noire.

In Pointe-Noire musste ich mich neu orientieren. Ich entdeckte das Leben der Jungen ohne die Kontrolle meiner Eltern. Nach einiger Zeit fand ich eine Arbeit am Flughafen in der Frachtabfertigung. In Pointe-Noire war es auch nicht wirklich friedlich.

Ich erlebte weiterhin lebensbedrohliche Situationen, ich war nicht in Sicherheit. In dieser Situation beschloss ich nach etwa drei Jahren, das Land zu verlassen mit dem Plan, in Frankreich ein neues Leben zu beginnen.

Während des Krieges waren meine Papiere verloren gegangen. Um neue Dokumente für die Ausreise zu besorgen, wurde ich nach Enyellé geschickt, in den Norden des Landes, nahe der Zentralafrikanischen Republik. In diesem Dorf hatte mein Vater früher einmal als Lehrer gearbeitet. Dorthin zu gelangen, wurde zu einer wahrhaft abenteuerlichen Reise, die mich bis heute prägt. Ich war 21 Jahre jung, städtisch, gebildet und hatte wenig Ahnung, was mich erwartete. Meine Tante meinte, es sei unmöglich, dorthin zu kommen, meine Cousine schlug vor, an meiner Stelle zu gehen. Aber ich setzte mich durch und buchte einen Flug nach Impfondo, an der Grenze zu Kongo-Kinshasa.

Dort angekommen, dachte ich, ich sei schon in Enyellé, aber so war es nicht – es war, als ob du in einen Wald kommst, nur Bäume, Bäume, Bäume ... Ich fragte Leute, wo sind wir, und sie sagten, in Impfondo. Wie komme ich nach Enyellé? Sie sagten, Sie müssen einen LKW nehmen, der bringt Sie zum Flussufer, dort müssen Sie eine Piroge finden, diese bringt Sie zu einem Dorf. Dann müssen Sie einen Bus nach Enyellé nehmen, all das dauert mindestens einen Monat. Mir wurde klar, dass ein Monat zu viel war, ich wollte zurück nach Brazzaville. Aber auch das ging nicht, der Flug zurück war ausgebucht, und der nächste wäre erst in einigen Tagen gewesen. Ich war verzweifelt und fing an zu weinen. Ein Herr neben mir sagte: Hier sind die Lastwagen, wenn du wegwillst, musst du diesen nehmen. Auf dem LKW waren Menschen und daneben waren Bananen, Früchte, Rinder, Hühner ..., der LKW lag schon ganz schief. Ich sagte, der LKW da? Er antwortete, ja. – Aber wo hatte ich da noch Platz? Allein auf der Vorderseite dieses LKWs standen sechs Personen. Nein, ich konnte diesen LKW nicht nehmen!

Auf dem Flughafen gab es eine Bar, ich ging hinein, fing an nachzudenken und sagte mir: In was für eine Geschichte bin ich da hineingeraten? In diesem Moment kommt ein Herr, der mich fragt: «Ah, Sie sind diejenige, die nach Enyellé gehen wollte?» Ich sage: «Ja, ja, ja ...». «Hören Sie, es ist gerade eine Delegation des Ministeriums angekommen, die mit motorisierten Kanus abreisen will. Steigen Sie mit mir in den Pick-up, wir versuchen, sie im Hafen zu erreichen. Falls sie noch da sind, setze ich Sie ab. Wenn die Delegation nett ist, können Sie mit ihr an Bord gehen.» Ich sagte: «Okay, los geht's!» Ich steige in seinen Pick-up, wir kommen beim Hafen an, er hat ein Motorola-Funkgerät, er ruft jemanden an. «Ist die Delegation des Ministeriums angekommen?» – «Ja, und sie sind gerade dabei einzuschiffen!» Der Mann sagt zu mir: «Sie sind im Hafen, wir müssen los! Ich garantiere Ihnen nichts, der Minister heisst Mondjo, er ist hierhergekommen, um die Dörfer zu besuchen. Sie haben Motorboote, aber die sind schon voll.»

Ich wollte es versuchen. Wir kommen also am Ufer an. Ich sage, guten Tag, ich will Herrn Mondjo sehen. Wir begrüssen uns, und ich erkläre, ich muss nach Enyellé gehen, um meine Papiere zu holen. Er schaut mich an: «Du willst nach Enyellé gehen, um deine Papiere zu holen, wie?» Er fragt mich, ob ich mit der Piroge, dem Einbaum, fahren möchte, die in jedem Dorf anhält. Ich sage: «Nein, Sie werden mich mitnehmen.» Er sagt: «Ich soll Sie mitnehmen …?» – «Ja, ich komme mit Ihnen.» Er: «Sie haben gesehen, das sind meine Leibwächter, wenn ich Sie mitnehme, wohin wird mein Leibwächter gehen?» Ich sage: «Sie lassen einen von ihnen hier, dann bekomme ich seinen Platz.» Er schaut mich an und erwidert: «Sie sind mutig! Also soll ich meinen Bodyguard zurücklassen, um Sie mitzunehmen.» – «Ja, ich muss nach Enyellé gehen.» Er spricht zu seinen Soldaten: «Hört ihr das Mädchen, ich soll euch ausladen und sie dafür mitnehmen.» Sie waren amüsiert und lachten, hahaha … Er sagte: «Okay, dann steigen Sie ein.»

Er bat seinen Bodyguard, wieder auszusteigen und auf ihn zu warten. So schaffte ich in ein paar Tagen, was sonst einen Monat gedauert hätte. In Enyellé erhielt ich dank des Einflusses des Ministers meine Geburtsurkunde, sogar an einem Samstag. Ich bekam alles, was ich brauchte, und erlebte die Reise des Ministers mit. Das Leben am Fluss zog an mir vorbei und beeindruckte mich tief: Du siehst die kleinen Dörfer und die Kinder, die am Fluss spielen, sie waschen sich mit dem Flusswasser, manchmal springen sie hinein. Es ist das Leben der Menschen, der Fluss ist ihr Leben, sie haben keine Angst. Für mich war es eine ganz andere Welt. Der Minister war beeindruckt von meinem Mut. Für mich war es die einzige Chance gewesen, um mein Ziel zu erreichen, und die hatte ich ergriffen.

Es gab keine Zeit zu planen, ich handelte rasch aus der Situation heraus. Die Erinnerung an diese Erfahrung ermutigt mich bis heute, nach vorne zu schauen und mich meinem Schicksal nicht einfach zu ergeben.

Ich kam mit dem Flugzeug zurück nach Brazzaville. Dank weiterer Unterstützung des Ministers erhielt ich bald das Visum, um im Jahr 2001 nach Frankreich auszureisen. Dort wurde ich aufgrund der instabilen Situation in meiner Heimat als Geflüchtete aufgenommen und bei der Integration unterstützt. Ich lebte in einem Wohnheim in

Marseille, konnte eine Ausbildung im Detailhandel machen und fand Arbeit in einem Warenhaus. Schliesslich war es mir möglich, mich in Frankreich einzubürgern. Minister Charles Richard Mondjo ist heute noch im Amt. Wenn er wüsste, dass ich jetzt von meinem Abenteuer erzähle. Er schlug damals vor, ich sollte ein Buch davon schreiben! Ich hatte grosses Glück und bin sehr dankbar für dieses Erlebnis. Ohne ihn wäre ich heute vielleicht nicht in Europa, jetzt bin ich Französin und habe kein Problem mehr mit Papieren. In Frankreich bin ich meinem Partner begegnet, er stammt aus Irland. Dass ich heute in der Schweiz lebe, ist Zufall, weil er eine Stelle gefunden hat als Expat. Wir wollten es einfach probieren, auch wenn es hier kälter ist als in Marseille. Wir wurden Eltern von zwei Kindern, und ich begann, mich mit anderen Menschen zu treffen und Deutsch zu lernen in einem Familienzentrum in Basel. Dann wurde bei meinem Sohn kurz nach seiner Geburt Krebs diagnostiziert. Die Diagnose war ein Schock für uns, unser Alltag veränderte sich abrupt. Ich verbrachte die nächsten drei Jahre im Krankenhaus, um ihn bei seinen Therapien und Operationen zu begleiten.

Natürlich war ich immer wieder sehr traurig. Ich wollte jederzeit bei meinem Sohn sein, ich hatte solche Angst, er werde sterben. In solchen Momenten holte ich mir meine Erinnerung ins Bewusstsein: Ich habe es bis nach Enyellé geschafft, ich hatte dieses Glück und eine Chance. Das half mir, mich in dieser schwierigen Situation in der Schweiz für die guten Momente zu öffnen. Solches habe ich im Krankenhaus mit dem Pflegepersonal erlebt: Die Menschen waren so freundlich und akzeptierten mich, wie ich bin. Oft habe ich das Gefühl, anders zu sein mit meiner afrikanischen Geschichte, hier nicht hineinzupassen und als «eine Wilde» betrachtet zu werden. Im Krankenhaus wurde mein Alltagswissen, und meine Art und Weise mich zu geben, respektiert. Das hat mich darin bestärkt, mir treu zu bleiben und an mein Können zu glauben. Wenn Leute dich nicht mögen, dann ist das eben so. Wenn alle gleich wären, wäre es nicht gut. Es ist der Unterschied, der die Welt ausmacht.

Während ich immer für meinen Sohn da war und nahezu im Spital lebte, achtete ich darauf, dass ich mich nicht gehen lasse. Ich zog mich schön und farbenfroh an, schminkte mich, machte jeden Tag Fitness mit Musik.

Dieses morgendliche Ritual hat mir die Kraft gegeben, die Herausforderungen des Tages anzugehen. Das Personal kam gerne zu uns ins Zimmer, wir sprachen miteinander, lachten, sangen und hörten Musik bei meinem Sohn am Bett. Wir kamen uns sehr nahe, wir ergänzten uns, ich fühlte mich ernst genommen als Mutter. Die medizinische Versorgung meines Sohnes war sehr gut. Aber ich sah auch, dass Eltern auf dieser onkologischen Station oft verloren und einsam waren. Ich ermutigte andere Eltern, deren Kinder schwer krank waren. Das machte ich zu meiner Aufgabe. Ich konnte eine positive Atmosphäre weitergeben. Ich merkte, die Eltern sind ein Spiegel für ihre Kinder. Die Kinder lesen in ihren Gesichtern, ob es den Eltern gut oder schlecht geht.

Mit anderen Eltern ins Gespräch zu kommen und sie mit meinem fröhlichen und offenen Naturell zu stärken, das hat auch mir Kraft gegeben – sogar in dem Moment, als mein Sohn eine sehr schlechte Diagnose bekommen hatte.

Woher habe ich meine innere Stärke? Stell dir vor, du bist am Schwimmen im Meer und du beginnst zu ertrinken. Wenn du das Leben liebst, wirst du es schaffen, weiterzuschwimmen, um herauszukommen. Als mir gesagt wurde, mein Sohn wird sterben, sagte ich: «Nein, er wird leben.» Ich hatte auch grosses Glück, immer wieder. Mir ist nie Schlimmes passiert, niemand hat mich ausgenutzt oder ausgebeutet. Ich dachte nie, dass ich etwas nicht kann wegen meiner Hautfarbe oder wegen eines anderen Merkmals, so haben mich meine Eltern erzogen. Deshalb kann ich auch immer wieder an mich und meine Stärke glauben und konnte mich aus schwierigen Situationen selbst befreien. Ich habe mein Gehirn konditioniert auf den Blick nach oben und für das Positive, auch wenn es nicht immer nur gut kam. Das ist meine Art, so viel Kraft wie möglich zu mobilisieren.

Jetzt ist mein Sohn sechs Jahre alt und lebt ein fast normales Leben, seine Schwester ist acht. Was mir in der Schweiz gefällt, ist die Sicherheit. Schlafen zu gehen ohne die Angst, dass etwas passiert. Dieses Gefühl der Sicherheit hat mich ermutigt, Kinder zu haben, sie können ruhig draussen spielen, wir können die Türen offen lassen, sie laufen unbegleitet zur Schule.

Für mich ist es hier das Paradies, das nichts mit meiner Vergangenheit zu tun hat. Ich gehe viel und gerne nach Frankreich, aber wenn ich zurück in Muttenz bin, atme ich tief durch, komme an und fühle mich sicher.

Wenn ich tanze und meinem Körper Sorge trage, ist das eine gute Möglichkeit, eine positive Haltung und Kraft zu bewahren, um schwierige Zeiten zu überstehen. In Nyon machte ich eine Fortbildung in gesunder Ernährung und besuchte einen Kurs für Zumba-Fitness als Instruktorin. Als mein Sohn nicht mehr im Krankenhaus war, ging ich in die Bibliothek vom Frauenverein und fragte, wo kann ich in Muttenz Zumba-Training anbieten. Aus eigener Erfahrung weiss ich, wie sich Musik und Tanz auf die Moral auswirken können. Es ist mir ein grosses Anliegen, anderen Menschen mit dieser positiven Energie zu helfen. So lernte ich das Programm vom Café International kennen, seither leite ich zusammen mit einer Kollegin das Angebot «Fitness im Park». Mit diesem wöchentlichen Einsatz unterstütze ich die Frauen in der Gruppe dabei, sich mit Zumba-Training und dem Austausch untereinander etwas Gutes zu tun.

Die Krankheit meines Sohnes beschäftigt uns als Familie weiterhin sehr, alle drei Monate müssen wir zu einem Check-up ins Spital, er hat körperliche Einschränkungen, aber er meistert das grossartig. Ich koche gesund und vielfältig und geniesse die Zeit mit den Kindern. Ich bin sehr beschäftigt mit ihrer Betreuung und dem Haushalt, zudem haben wir ein Haus in den Vogesen gekauft und renoviert. Für Geld zu arbeiten, scheint mir im Moment nicht das Wichtigste zu sein. Vielleicht haben mich meine Erlebnisse auch mehr Kraft gekostet, als ich mir eingestehen möchte, und jetzt ist erst einmal die Luft raus.

Schon nur die deutsche Sprache zu lernen, fällt mir schwer, ich merke, wie mir die Energie dazu fehlt. Doch es ist mir wichtig, mit den Leuten Kontakt zu haben. Ich spreche Französisch und Englisch, so finde ich schnell Menschen, die sich mit mir unterhalten. Ich habe die Vision, mich einmal selbstständig zu machen mit einem Online Concept Store und dem von mir gestalteten Logo «Be Confident». Meine Schwester in Südafrika näht schöne Kleider und Accessoires, die ich hier auf Bestellung verkaufen könnte. Oder ich würde als Händlerin mit kleinen lokalen Betrieben kooperieren, die natürliche Pflegeprodukte und Nahrungsmittel herstellen, die mich selber überzeugen.

Ohne den Krieg wäre ich heute noch in Afrika, aber ich wäre nicht glücklich dort. Im Kongo habe ich schon als Jugendliche gesagt, ich will nie mit einem Afrikaner zusammen sein. Warum? Wegen der Polygamie. In der Republik Kongo hat ein Mann zwei, drei, vier Frauen, das ist normal. In manchen afrikanischen Ländern leben sie sogar zusammen, und viele Frauen akzeptieren das. Und selbst wenn ihr Mann kein guter Ehemann ist, wird sie still bleiben, weil sie «Madame» genannt wird, das ist der Stolz. Wenn du zu ihr sagst, aber dein Mann ist nicht gut, wird sie dir sagen, was ist dein Problem? Denn sie liebt ihre Ehre so sehr. Ich fand diese Mentalität immer ein wenig absurd, denn ich heirate nicht um der Ehre oder des Familienstolzes willen oder um anderen eine Freude zu machen, sondern ich heirate für mich selbst, aus Liebe.

Ich werde sicher nicht zurückgehen, denn im Kongo ist das System so ungerecht. Da ist Korruption, und die Politiker interessieren sich nicht für die Menschen aus dem Volk. Du kannst studieren, du kannst einen Abschluss machen, aber wenn du keinen Minister kennst, wirst du keine Arbeit finden. Der Kongo ist so klein wie die Schweiz, und mit den Ressourcen, dem Reichtum, den wir haben, müssten wir nicht einmal arbeiten gehen, wo geht das Geld hin? Wir haben das Öl, wir haben das Gold, wir haben alles! Du gehst in das Dorf des Präsidenten, da siehst du den Reichtum! Viele Menschen dort sind die ganze Zeit im Leid, aber sie haben immer dieses Lächeln, das eigentlich Lebenswissen ist. Und du gehst in die Länder, wo die Leute superreich sind, aber sie haben das Lächeln verloren. Vielleicht braucht es das Leiden, um zu verstehen: «Ah, ich geniesse das Brot, es schmeckt gut, dieses Brot mit Butter!» ●

Grède Lionelle Pembe Mavoungou war spontan bereit, als Erste der Frauen ihre Geschichte zu erzählen. Das Gespräch fand am 21. April 2021 bei ihr zu Hause in französischer Sprache statt. Die Tonaufnahme haben wir in französischer Sprache verschriftlicht. Diesen französischen Text übersetzten wir mit Unterstützung eines digitalen Übersetzungsprogramms ins Deutsche. Das redigierte Portrait übersetzten wir wieder zurück ins Französische, mit digitaler Unterstützung, um es mit Grède zu besprechen und ihr Einverständnis zu erhalten. Die zur Verfügung gestellte Fotografie wurde während einer von Grède geleiteten Lektion «Fitness im Park» aufgenommen.

Was könnte ich machen, was man hier nicht
kennt, fragte ich mich. Ich dachte an Finnland:
In jedem Sommerhaus stand früher ein
Webstuhl zur Freizeitbeschäftigung. Es gab
auch das Clubhaus, wo die Frauen einen Platz
zum Weben fanden, es war gleichzeitig ein
Ort für Unterhaltung, und die Webstühle waren
der Kletterbaum für Kinder.

O Leena Walder-Katajasaari

geboren 1940 in Finnland

Ich bin an der Küste im Südwesten Finnlands aufgewachsen, mit der Kirche aus dem 14. Jahrhundert, ursprünglich katholisch, nach der Revolution lutherisch. Das kleine Dorf Perniö liegt halb so hoch wie der Egglisgraben, bei uns gibt es keine Berge. Zur Welt gekommen bin ich in Helsinki, 1940, nach Beginn des Winterkrieges. Beide Eltern sind Finnen. Mein Vater war Gärtnermeister und führte ein Geschäft für Gemüseanbau. Er hatte gerade ein Haus gebaut, er musste jeden Nagel einzeln kaufen, um die Balken zusammenzubringen. Aber wegen des Krieges wurden wir evakuiert. In Perniö habe ich die Schule besucht bis zur Matur. Dann kam das gewöhnliche Leben. Ich studierte, ab und zu kam ich nach Hause. Wir sind eine grosse Familie, sechs Kinder, da ist das Familienleben nach dem Auszug nicht zu Ende, ich bin die Zweitälteste, vier Töchter und zwei Buben, auch für finnische Verhältnisse eine relativ grosse Familie.

Meine Mutter ist von Hanko, vom südlichsten Punkt Finnlands, einer Hafenstadt. Sie wurde Textilkünstlerin. Sie hatte ihre Fachausbildung gemacht und kreierte Stoffe, doch nach der Schule kam der Krieg. Meine Mutter führte den Haushalt, und für das Einkommen arbeitete sie zeitweise als Zeichnungslehrerin. Die ersten vier Kinder sind im Krieg geboren, nach sieben Jahren Pause bekam sie die letzten zwei Kinder. Der Vater war um die sieben Jahre im Krieg. Das war eine sehr harte Zeit. Wir sind lange ohne Vater aufgewachsen, wir sahen ihn nur im Urlaub, bis der Krieg gegen Russland zu Ende war. Er war als Soldat an der Front, aber er ist zum Glück zurückgekommen. Ob ich viel Angst hatte, fragst du. Als Kind habe ich nicht viel gespürt. Doch die Spannung war nachts, wenn die Russen mit Flugzeugen kamen, da mussten wir schnell die Fenster verdunkeln, denn die Hauptlinie der Eisenbahn lag in der Nähe und war natürlich ein Ziel. Der Geruch von Apotheke hat mich immer fasziniert. Alle diese Lösungen haben ihr starkes Aroma. Ich hatte jedoch nicht den besonderen Wunsch oder Willen, Pharmazie zu lernen.

Mein Ziel war: Ich wollte nicht mehr auf dem Land leben. Als Apothekerin, sagte ich mir, kann ich jederzeit Arbeit finden.

Der Beruf ist nicht so gut bezahlt wie Ärztinnen oder Zahnärzte, doch je nachdem ausreichend. Und das Studium ist kurz und gut, etwa zwei Jahre, und dazu das Praktikumsjahr in einer Apotheke. Während dieser ganzen Zeit konnte ich bei meiner Tante wohnen. Danach trat ich sofort in der Nähe von Helsinki eine Stelle an. Nach drei Jahren dachte ich: «Solch einen Lebenslauf, den kannst du nicht verteilen ..., es braucht mehr.» Ich wollte in die Welt hinaus. Ich hörte von den Deutschkursen im Goethe-Institut. In der Schule hatte ich Deutsch gelernt, doch zum Sprechen reichte das nicht. Nach einem Jahr Deutschkurs hatte ich ein Zertifikat in der Hand. Dann suchte ich in einem internationalen Praktika-Angebot Arbeit in der Schweiz, dort gab es privilegierte Stellen bei grossen Firmen. Am liebsten hätte ich mit Parfum gearbeitet, bei Givaudan in Genf, aber weil ich kein Wort Französisch konnte, wählte ich Basel, auch eine lebendige Kulturstadt, es gibt vieles zu sehen, und trotzdem ist sie bescheiden. Das war im Frühling 1969, ich fand eine Stelle in einem der grossen Pharmaunternehmen. In einer medizinischen Fabrik zu arbeiten, im Bereich Tabletten, war neu für mich. Es ging um Forschung und Qualitätsanforderungen bei der Entwicklung neuer Produkte. Das Maximum eines Praktikums war eineinhalb Jahre.

Mich anschliessend um eine Anstellung zu bewerben, war nicht möglich. Es war die Zeit der Schwarzenbach-Initiative zur Begrenzung des Anteils der Ausländerinnen und Ausländer in der Schweiz. Die Initiative wurde nicht angenommen, doch der Bundesrat hatte 1970 Massnahmen zur Beschränkung der Ausländerzahl ergriffen. Deshalb durfte meine Firma keine neuen Leute aus dem Ausland einstellen. Ich wurde arbeitslos.

Doch im Kinderspital gab es keinen Personalstopp, dort fand ich im medizinischen Bereich Arbeit. Bei der Muttenzer «Aktion Offene Tür» begegnete ich meinem Mann Theo. 1975 war das, ein Ereignis wie ein Fest. Alle waren eingeladen, die alten, renovierten Häuser zu besichtigen. Bei Familie Schär sassen wir zusammen, eine ganze Gruppe, und dort lernte ich Theo kennen. Wir heirateten und blieben zusammen bis zu seinem Tod 2020.

Vom Kinderspital wechselte ich nach einer Weile wieder zur Chemie, wo es mich hinzog, ich ging zu Roche. Nach etwa zehn Jahren gab es eine Reorganisation, die Computerwelt zog ein, und ich wurde wieder arbeitslos. Was könnte ich machen, was man hier nicht kennt, fragte ich mich. Ich dachte an Finnland: In jedem Sommerhaus stand früher ein Webstuhl zur Freizeitbeschäftigung. Es gab auch das

Clubhaus, wo die Frauen einen Platz zum Weben fanden, das war gleichzeitig ein Ort für Unterhaltung, und die Webstühle waren der Kletterbaum für Kinder. Bei uns zu Hause hatte auch ein Webstuhl gestanden, aber die Mutter fand weder Zeit noch Kraft dafür, wir brauchten Geld, und mit Hobbyweben verdienst du nichts.

Also kaufte ich neun oder zehn Webstühle, stellte sie bei uns im Haus in Muttenz auf. Das heisst: Zuerst mussten sie für den Transport in die Zimmer auseinandergenommen und wieder aufgebaut werden. Theo kreierte für mich Flyer. Ich redete mit den Leuten, erzählte von meinem Atelier und ermutigte sie zum Probieren. Sie webten Schals, Tischtücher, Tischsets, auch Teppiche.

Jedes Jahr hatte ich einen Stand am Muttenzer Markt. Ich liebe Märkte. Die Leute kamen zum Diskutieren. Um einen kleinen Teppich zu verkaufen, musste ich viel schwatzen, und so kenne ich viele Leute in Muttenz. Ich hatte auch eigene Ausstellungen mit meinen persönlichen Websachen.

Annemarie Spinnler kam in ihren Ferien zum Weben. Sie liebte es, Teppiche aus Stoffresten zu weben. Als Biologin und Politikerin im kantonalen Landrat befasste sie sich mit Recycling-Fragen. Eines Tages fragte mich Annemarie, ob ich bereit wäre, für das Schweizerische Arbeiterhilfswerk SAH ein Arbeitsintegrations-Projekt aufzubauen. Ich sagte ja. Das Ziel dieser Werkstatt war, Menschen ohne Arbeit gedanklich von ihrem aktuellen Zustand, von ihren Ängsten und Hemmungen wegzuführen, ihre Perspektiven zu stärken. Die Arbeit musste einfach sein, damit niemand sagen konnte, das kann ich nicht. Also ging es darum, alte Kleider in Streifen zu zerschneiden, je nach Dicke des Stoffes ein bis eineinhalb Zentimeter oder mehr, und diese auf Spulen zu rollen. Den Fortgeschrittenen zeigte ich, wie der Webstuhl funktioniert. Wer Auto fahren kann, weiss auch die Pedale und diese Mechanik zu bedienen.

Ich erklärte Schritt für Schritt. Weben ist eine systematische Sache, man muss exakt arbeiten, sich konzentrieren, die Fäden in diese Richtung oder jene legen, in den Kamm hinein, jede Web-Art verlangt eine spezielle Methode. Die Menschen sollten erfahren, sie werden unterstützt und können kreativ arbeiten, das ist das Wichtigste.

Sie stammten aus Deutschland, der Türkei oder Albanien, auch aus der Schweiz. Manche sprachen wenig Deutsch, deswegen war diese Teppichsache geeignet. Wenn sie nicht reden konnten, konnten sie jedenfalls schneiden. Sowohl das Weben als auch das Schneiden sind wichtig, das eine ist nicht besser als das andere. Der Stoff musste korrekt, sauber geschnitten sein! Es gab Leute, für diese waren Restenteppiche ein Armutszeugnis, aber nachdem sie die Arbeit begonnen hatten, fingen sie Feuer und blieben voll dran.

Wie bei allem Handwerk muss auch beim Weben zuerst geplant werden. Ich habe gefragt, welche Farbe und Grösse möchtest du, damit sie selbst am Entstehungsprozess beteiligt waren. Teppiche weben ist einfach, du machst das «Schiffli ine», und schon sagten die Leute: Ich mach das selber. Resultate sind schnell da, das unterstützt die Leute. Und sie können mit Farben arbeiten. Ich habe so viel Freiheit wie möglich gegeben, so entstehen auch persönliche Sachen, die auffallen. Ich habe viel Lob gegeben, wertgeschätzt, sie haben mitgemacht. Wir haben viele Teppiche verkauft, in Basel und auf dem Muttenzer Markt.

Das kantonale Arbeitsamt wies die Leute zu. Ein Jahr Aufenthalt in der Werkstatt war das Maximum. Während ihres Einsatzes hatten sie die Pflicht, eine Arbeitsstelle zu suchen. Sie mussten berichten und nachweisen, wenn es nicht gelang, Arbeit zu finden. Das war nicht immer einfach. Viele konnten kein Deutsch, der Kanton organisierte Abendkurse, um die Sprache zu lernen. Manchmal begleitete ich sie beim Schreiben der Bewerbungen.

Mühe hatte ich mit Menschentypen, die sich querstellten, die nicht ins Kollektiv passen wollten, meinten, man behandle sie falsch, wenn sie sich mit Resten befassen müssen. Reden war in diesen Fällen wichtig, ganz einfach freundlich reden, und sie auch reden lassen und zuhören. Ich musste auch streng sein, wenn zum Beispiel einige nicht zur Arbeit kamen, obwohl sie die Pflicht hatten, da gab es nicht viel Gnade, sonst waren sie weg vom Programm. Ich erinnere mich an eine Frau, die sich krank meldete, jedoch mit ihrer Familie in die Ferien fuhr. Familie, das verstehe ich, aber in solch einem Fall musste ich eine Notiz machen. Diese Werkstatt aufzubauen, war wie gemacht für mich, massgeschneidert. Sehr bald wurde sie in eine Stiftung überführt mit dem Namen ÖKO-JOB. Wir begannen in Muttenz an der Baslerstrasse, dann benötigten wir mehr Platz und zogen an den Kirchplatz 8, später brauchten wir noch mehr Platz und zogen in den Dreispitz.

Es waren die schönsten Arbeitsjahre, die ich gemacht habe, diese Art und Weise, mit Material und Menschen umzugehen ... eben mit diesen Resten, ich dachte, sie sind gleich gut wie Ölfarben für Rembrandt *(lacht)*, diese Nuancen-Vielfalt und mehr sogar!

Die Farbe konzentriert sich auf bestimmte Weise so schön, und je älter und unregelmässiger gefärbt oder bunter, desto mehr gibt es her.Für mich ist das Wichtigste, dass das Webatelier immer bestehen bleibt und es den Menschen bewusst ist, welche Möglichkeiten sie dort finden.

Wie es mir in der Schweiz gefällt? In Muttenz fühle ich mich wohl, und solange ich ordentlich Steuern zahle, habe ich nie mit der Bürokratie zu tun *(lacht)*. In meiner Freizeit sang ich viele Jahre im finnischen Chor in Basel, zusammen mit meiner jüngeren Schwester, die auch hier lebt. Wir feierten unsere Weihnachtsfeste. Eine finnische Köchin hat das Menu gekocht, dazu gab es Programm, dreimal oder mehr sogar einen Maskenball. Die Finnische Vereinigung organisiert das, wir haben auch eine eigene Zeitung. Früher bin ich öfters an Weihnachten und im Sommer nach Helsinki gereist, aber nach dem Tod meiner Eltern immer weniger. Als mein Mann pensioniert wurde, ging ich ebenfalls in Pension. So fanden wir Zeit zum Reisen und Gäste einzuladen. Bei Festen wollte ich immer geräucherten Lachs anbieten, das war mir wichtig.

Ich fühle mich als Europäerin. Grenzen sind für mich dort, wo man etwas erreicht oder nicht erreichen kann. Die finnischen Frauen besitzen eine gewisse Eigenständigkeit. Wer etwas will, muss auftreten. Ich bin nicht politisch aktiv, ich bin da und unterstütze – das machte ich mit meiner Arbeit. Heimweh nach Finnland? Nicht so, dass ich weinen muss, aber so eine dünne Schicht im Gefühl ist und bleibt. Es ist nicht oberflächlich, es ist ein zartes Gefühl. Bei guter Musik kann es wach und lebendig werden. ●

Am 13. Juni 2022 führten wir das Gespräch für dieses Portrait mit Leena Walder-Katajasaari in ihrem Haus, in dem viele gewebte Bilder an den Wänden hingen. Kurze Zeit später zog sie ins Altersheim, wo Cécile sie besuchte, um den Text mit ihr zu besprechen. Sie wählten aus einem Stapel alter Fotografien das Bild für dieses Buch aus. Am 26. Dezember 2024 ist Leena verstorben. Leena, wir danken dir.

Die «Aktion Offene Tür» in Muttenz, an der Leena ihrem späteren Mann Theo Walder begegnete, wurde 1975 von Einwohnerinnen und Einwohnern initiiert, die sich in der «Arbeitsgruppe Pro Muttenz» für einen lebendigen Dorfkern engagierten. https://www.heimatkunde-muttenz.ch/siedlung/siedlung/bauernhaeuser/zum-muttenzer-bauernhaus/muttenz-leben-im-dorfkern

Die von Leena Walder aufgebaute Web-Werkstatt mit Recyclingmaterialien befindet sich heute bei ÖKO-JOB in der Aktienmühle in Kleinbasel. https://www.oeko-job.ch

In einer schwierigen Situation hilft mir mein Denken: Heute ist heute, morgen ist ein anderer Tag. Ich sage mir: Ich kann das! Das ist mein Vertrauen. Ich glaube an Gott, das gibt mir Zuversicht. Ich lasse mich nicht vom Schrecken lähmen. Ich habe Fehler gemacht, aber ich habe immer eine Ermutigung für mich: Okay, es gibt wieder einen neuen Tag.

O Mekdes Yilma Belehu

geboren 1987 in Äthiopien

Meine Eltern waren Bauern, mit verschiedenen Kühen, Ziegen, Schafen. Mein Vater besass etwas Land, und sie bauten dort zum Beispiel Getreide an. Meine Mutter war eine Geschäftsfrau, sie half auch meinem Vater, aber sie kaufte und verkaufte Waren, zum Beispiel Teff, dieses Mehl aus Zwerghirse zum Injera-Fladen machen, oder Getreide, um Brot zu backen. Sie reiste dafür mit dem Bus in eine andere Stadt, kaufte dort ein und verkaufte die Waren in einer weiteren Stadt. Dafür war sie an mehreren Tagen in der Woche unterwegs. Es ist eine Arbeit, die sie gerne gemacht hat. Leider ist sie vor einigen Jahren bereits mit 53 Jahren an Krebs gestorben.

Wir sind dreizehn Geschwister. Mein Vater war vorher verheiratet und hatte mit dieser Frau ein Kind. Nach der Scheidung heiratete er meine Mutter. Ich bin das fünfte Kind meiner Mutter, sie hat zwölf Kinder zur Welt gebracht. Ich habe zwei ältere Schwestern, die kochten, wenn die Mutter unterwegs war. Wir halfen den Eltern gerne bei der landwirtschaftlichen Arbeit, vor der Schule oder nachher. Noch heute mag ich Kühe und Felder. Wir waren Kinder – es war nicht so streng, wir spielten mit der Erde, und die kleinen Geschwister waren dabei, wir schauten nach ihnen.

Ich ging acht Jahre zur Schule, aber es war sehr kompliziert, denn wir mussten lange zu Fuss hin und zurück laufen, zwei bis drei Stunden für einen Weg. Wir hatten nicht den ganzen Tag Schule, nur einige Stunden. Meine Eltern konnten uns mit den Aufgaben nicht unterstützen, denn sie haben viel gearbeitet. Es war für mich nicht so schön in der Schule, ich hatte kein Fach besonders gerne. Und dann wurde ich schwanger und musste den Unterricht unterbrechen.

Ich hätte mein Kind meiner Mutter geben und wieder in die Schule gehen können, wenn ich gewollt hätte. Aber, wenn man ein Kind hat, ich war vierzehn, sagen alle in der Schule, ah, die hat ein Kind und so, deshalb wollte ich nicht dorthin zurück.

Mein Wunsch war: Ich will Polizistin werden. Ich fragte bei der Polizei, und sie sagten, nein, du bist zu klein. Okay, dachte ich, dann gehe ich zu meinem Bruder, er hat ein Restaurant. Dort arbeitete ich als Kassiererin. Später hat mein Bruder das Restaurant meiner Schwester übergeben, diese gab es ihrem Mann weiter, und der hat es meiner Freundin verkauft. Sie führt es immer noch.

Ich arbeitete zwei oder drei Jahre im Restaurant und eröffnete nachher einen kleinen Laden mit Kosmetik-Artikeln. Aber es lief nicht gut. Ich war nicht zufrieden. Ich hatte einfach keine Lust mehr, dort zu bleiben. Ich hatte die Schule nicht fertig gemacht, ich war achtzehn, ich hatte ein Kind und nicht viel Geld. Ich beschloss, ich verlasse Äthiopien und suche Arbeit in einem anderen Land. Meine Cousine hatte auch eine schlechte Arbeit, so wie ich, und sie hatte auch nicht genug Geld. Wir entschieden, in ein arabisches Land zu gehen. Darüber haben wir nicht mit unserer Familie geredet.

Wir schickten unsere Dokumente an ein Büro, das Frauen in ein arabisches Land vermittelt. Sie machen den Kontakt zu arabischen Familien, die zum Beispiel eine Haushaltshilfe suchen, und dann beantragen diese Familien ein Visum. Nach zwei oder drei Monaten erhielten wir ein Visum. Jetzt brauchten wir Geld. Das war der Moment, als ich es meiner Familie sagen musste. Mein Bruder hatte Geld, aber er erwiderte: «Nein, ich gebe nichts.» Er sagte auch: «Du musst in die Schule gehen, nicht irgendwo anders hin, egal ob du ein Kind hast.» Meine Mutter hatte meine Tochter bei sich. Sie hatte noch ein eigenes Mädchen bekommen, zwei Monate vorher, und die Kinder waren deshalb wie Zwillinge. Mein Vater sagte, er habe eine Kuh, und er fragte eine reiche Cousine meiner Mutter, ob er ihr für das Geld der Reise die Kuh als Pfand geben könne. Ich sagte, ich muss gehen, ich werde das Geld zurückzahlen! Sie hatten Angst. Ich hatte auch Angst, dass ich an schlechte Leute gerate. Schliesslich hat die Cousine uns Geld gegeben. Ich konnte gehen. Im Jahr 2005 gingen meine Cousine und ich nach Dubai. Ich machte sehr schwierige Erfahrungen, denn es war eine strenge Familie.

Ich durfte meine Eltern nicht anrufen, ich durfte nicht nach draussen gehen, nur das Haus putzen und nach den Kindern schauen. Ich wurde auch geschlagen. Ich wurde behandelt wie eine Sklavin.

Die Frau, bei der ich arbeitete, hatte neun Kinder, ein Kind war eineinhalb Jahre alt. Ihr Mann hatte zwei Frauen, sie wohnten nicht im selben Haus. Sie waren Nachbarinnen, eine kam von Ägypten und eine aus der Türkei. Ich habe für die ägyptische Frau gearbeitet. Sie war eine strenge Frau, sie beschimpfte mich wegen meines christlichen Glaubens und versteckte auch das Essen. Einmal hat sie versucht, mich aus dem Fenster zu stossen, ein anderes Mal bedrohte sie mich mit kochendem Wasser. Ich hatte von anderen Leuten gehört, die so umgebracht werden, deshalb wurde ich sehr vorsichtig. Ihre zwei erwachsenen Töchter sagten ihr, sie solle nicht so schlechte Sachen machen, sie haben sich für mich eingesetzt.

Nach etwa drei Jahren planten sie eine Ferienreise, so bin ich im Juli 2009 in die Schweiz gekommen. Sie hatten die kleineren Kinder mitgenommen und mich, denn ich musste das jüngste Kind hüten. Eine Woche waren wir zusammen in einem Genfer Hotel. Ich ging immer mit nach draussen, aber die Frau hatte Angst: «Warum schaust du? Wohin schaust du? Willst du weglaufen?» Wenn ich ihren Mann anschaute, rief sie aus: «Was schaust du meinen Mann an? Willst du meinen Mann?» Einmal, sie und ihr Mann liefen hinten, ich mit den Kindern in der Mitte, die grösseren Töchter vorne, da kam uns eine Frau entgegen. Ich sah sie nicht genau, vielleicht war sie aus Äthiopien oder Eritrea, sie sprach nicht mit mir, und ich war nur mit dem Kind beschäftigt. Aber dann sagte die Mutter hinter mir: «Du hast geredet mit dieser Frau, wer ist sie?» Ich sagte: «Ich habe nicht mit ihr gesprochen.» – «Doch, du hast mit ihr geredet, du willst weglaufen ...» Da erst kam mir die Idee wegzugehen. Sie hatte mir diese Idee gegeben! Am nächsten Tag waren wir in einem Laden. Die Frau, die dort verkaufte, war aus Äthiopien. Sie hat gesehen und gespürt, wie mich die Familie respektlos behandelte, und sagte zu mir: «Bist du mit diesen Leuten gekommen? Dann geh nicht wieder zurück! Du hast viele Probleme, oder?» Ich sagte, ja. «Dann geh zur Polizei das sagen! Geh nicht mit ihnen zurück.» Sie sagte mir das so. Die Familie probierte Kleider an, die Verkäuferin lief hin und her, sie hat nicht viel gesprochen, einfach und leise. Nachher sind wir nach Hause gegangen. Es waren reiche Leute. Sie wollten noch von Genf nach Frankreich reisen für eine Woche, davon hatten sie geredet.

Dann, am nächsten Morgen stehe ich früh auf, ich mache die Tür auf und wieder zu – ich gehe weg. Ich hatte nur das bei mir, was ich am Körper trug.

Auf dem Tisch lagen fünf oder sechs Franken, die nahm ich mit. Seit etwa drei Monaten hatte ich keinen Lohn erhalten. Ich arbeitete, aber sie gab mir nicht regelmässig Geld, ich musste immer nachfragen. Sie hatte auch meinen Pass.

Ich wusste nichts über die Schweiz oder über Europa, ob es gut war oder irgendwas. Ich fand den Weg, um das Hotel zu verlassen. Ich wusste nicht, wohin. Einfach weg. In dem Moment spürte ich das Gefühl einer grossen Angst, denn diese Leute, wenn sie mich fänden, würden sie mich töten. Nicht in der Schweiz, sondern zurück in Dubai. Ich war mir zu hundert Prozent sicher. Ja, ich hatte Angst. Ich wusste aber auch, Gott hat gesehen, dass ich Probleme hatte, und er sah, was ich tat. Ich glaube an Gott. Dann sass ich einfach am Ufer vom Genfersee. Bei Durst und Hunger trank ich Wasser, so ging auch der Hunger weg. Ich verbrachte den ganzen Tag draussen ohne Essen. Ich sass etwas versteckt bei einem Baum, ich bewegte mich wenig, weil ich dachte, sie würden mich sonst vielleicht finden. Erst am Abend suchte ich den Weg zur Polizei. Ich sprach dunkle Leute an, zuerst fragte ich, ob sie aus Eritrea oder Äthiopien kommen, dann fragte ich auf Amharisch, wie ich die Polizei finde. Es gibt viele Leute aus Äthiopien in Genf, jemand zeigte mir den Weg zum Asylheim. Dort gab es einen Polizeiposten, bei dem ich mich anmelden musste. Ich sprach kein Deutsch, kein Französisch und wenig Englisch, daher brachten sie einen Dolmetscher.

Die Asylpolizei ist korrekt mit mir umgegangen und hat alles aufgenommen. Mein Name wurde notiert, und ich bekam ein Zimmer mit fünf anderen Frauen zusammen. Wir waren alle aus Afrika, ich die Einzige aus Äthiopien.

Nach drei Tagen machten sie einen Fingerprint. Ich blieb nicht lange in Genf, sondern wurde kurz danach mit einem Bus ins Tessin gefahren, in ein Heim bei Lugano. Nach etwa zwei Monaten brachten sie mich in ein weiteres Asylzentrum, nach Chur in Graubünden. Dort blieb ich bis 2012.

In Chur hatte ich einen N-Ausweis, als es noch nicht entschieden war, ob ich bleiben durfte oder nicht. In Graubünden darfst du mit N-Ausweis arbeiten, wenn die Arbeitgeber zustimmen. Aber viele sagen nein. Ich kannte einen Mann aus Eritrea, der in einem Hotel arbeitete und seine Chefin fragte, ob ich dort putzen kann. Diese Schweizerin war sehr nett, ich konnte vier Monate, von 6.00 Uhr bis 19.00 Uhr, arbeiten, und ich erhielt einen Lohn. In unserem Heim gab es eine Frau, die einen Kurs «Gastronomie» für drei Monate anbot. Ich konnte kein Deutsch, dort habe ich ein bisschen schreiben und lesen gelernt, denn wir bekamen ein Buch in einfacher Sprache und am Ende ein Zertifikat. Deutschkurse gab es nicht für uns. Am Wochenende fuhr ich manchmal nach Zürich zu einer Freundin aus Äthiopien, die mit einem Schweizer Mann verheiratet war. Er kaufte mir ein Gleis-7-Abo für Menschen unter 25 Jahren, dadurch konnte ich am Abend gratis reisen. Wenn ich bei meiner Freundin in Zürich war, gingen wir gemeinsam in die Kirche, und ich lernte andere äthiopische Leute kennen. Dort konnte ich auch mit meiner Familie telefonieren. Ich besass lange kein Telefon, oder wenn ich eins hatte, kein Geld zum Telefonieren.

Die Leute vom Migrationsamt wollten wissen, warum ich hierhergekommen war. Ich hatte ein erstes kurzes Interview in Lugano und später ein ausführliches in Bern. Ich erzählte, was ich erlebt hatte. Daraufhin sagte die Frau, du bist Äthiopierin, du kannst dorthin zurückgehen. Ich erhielt einen Brief mit der Ablehnung meines Asylgesuchs. Aber ich wollte nicht zurück, denn in dieser Zeit war die Situation in Äthiopien politisch sehr problematisch. Auch nach meinem Rekurs erhielt ich einen negativen Bescheid. Für die Schweiz war ich keine politisch Geflüchtete, und daher nicht persönlich verfolgt. Nach dem ersten Negativ-Bescheid hast du dreissig Tage Zeit, um das Land zu verlassen. Aber ich hatte gar keine Papiere, keinen Pass. Sie sagten, ich solle in die Botschaft gehen, dann würde ich einen Pass bekommen. So ist es aber nicht, sie geben nicht einfach einen Pass. Beim zweiten Negativ hatte ich fünf Tage Zeit, um die Schweiz zu verlassen, aber ohne Pass konnte ich nicht ausreisen. Daraufhin brachten sie mich in ein Haus, wo nur Leute mit Negativ untergebracht wurden. Wir konnten uns frei bewegen, auch rausgehen, aber ich musste jeden Tag morgens und abends unterschreiben. Ich bekam etwas zu essen, jedoch kein Geld. Sie gaben uns Eier, Tomaten, Spaghetti, Zwiebeln etc. für eine Woche, dann kochten wir selber. In diesem Haus, ganz oben in den Bergen, blieb ich zwei Jahre, bis zum Jahr 2014. Dort kamen wir mit Leuten in Kontakt, die in der kleinen Gemeinde Valzeina wohnten und uns halfen.

Sie fuhren uns zu verschiedenen Orten, und abends nahmen sie uns mit nach oben, denn der Bus fuhr nur zweimal pro Tag. Sie brachten auch Kleider, davon hatten wir immer genug. Ich besitze heute noch zwei schöne Stücke aus dieser Zeit.

Als ich noch in Chur lebte, hatte ich Oliver in einem Café kennengelernt. Er kam von Muttenz in die Ferien nach Graubünden. Wir tauschten unsere Telefonnummern aus, und so hatten wir weiter Kontakt. So lernten wir uns besser kennen, später kam er auch einmal mit seinem Sohn. Wir machten Tagesausflüge in die Lenzerheide und an andere Orte, wir haben auch in einem Fluss nach Gold gesucht, nur zum Spass (lacht)… schliesslich wurden wir ein Paar. Ich wollte nicht sofort heiraten, weil wir uns noch nicht gut kannten. Ich wollte eigene Papiere haben und nicht durch das Heiraten. Aber die Situation mit der Polizei war sehr belastend.

Wie ich das erlebt habe? Zu meinem Geburtstag schenkte mir Oliver 100 Franken und eine der Freiwilligen gab mir 50 Franken. Ich hatte 150 Franken in meiner Hand. An diesem Abend kommt die Polizeikontrolle, und dann kontrollieren sie alles, und wenn ich Geld habe, nehmen sie das. Normalerweise gab ich alles ehrlich an, aber jetzt sollten sie es nicht finden, und ich versteckte es in den Kleidern. Er fragt, hast du Geld? Als ich dann doch ja sage, fragt er, wieviel? Ich antworte 150. Er sagt, wo? Und so habe ich es ihm gegeben. Er wusste, dass ich Geburtstag hatte, es stand in meinem Ausweis, aber er blieb dabei: «Nein, du darfst das Geld nicht haben, das ist illegal!» Ich hatte ihm die Telefonnummer von Oliver gegeben, aber der Polizist sagte, er wird nicht fragen, er hat das Geld einfach genommen. Mit diesem Geld wollte ich nach Basel reisen, dann hatte ich wieder nichts – dieses Gefühl der Enttäuschung vergesse ich nicht, ich spüre es heute noch.

Sie drücken, drücken und drücken immer, damit ich zurückgehe nach Äthiopien. Sie schlagen nicht wie die Polizei in Äthiopien, aber mit dem Mund.

Das war der Moment, als Oliver meinte, okay, dann heiraten wir, und ich war einverstanden. Er kam nach Graubünden und sagte, sie ist meine Freundin, ich heirate sie. Aber die Polizei erwiderte: «Nein, Sie dürfen nicht heiraten in der Schweiz, Sie gehen nach Äthiopien und heiraten dort.» Da sagte Oliver: «Warum soll ich in einem anderen Land heiraten? Ich bin Schweizer!» Sie antworteten: «Sie ist illegal hier, sie hat kein Recht, in der Schweiz zu bleiben, und darf hier auch nicht heiraten.» Daraufhin nahm er einen Anwalt. Ich weiss nicht, was er gemacht hat, aber 2014 durfte ich nach Muttenz kommen ohne Heirat. Vorher hatten sie gesagt, ich darf nicht gehen, nicht einmal auf Besuch. Sie drohten, wenn ich trotzdem gehe, dann kommt die Polizei aus Muttenz mich holen. Damit hatten sie uns Angst gemacht, und so war ich vorher nicht nach Muttenz gegangen. Weil er den Anwalt hatte, erhielt Oliver ein Papier, dass ich als Freundin in Muttenz sein durfte. Aber er zahlte alles. Damit endete meine Zeit vom Nichtstun ganz oben in den Bergen. Erst ein Jahr später, am 14. Februar, am Valentinstag, konnten wir heiraten. Ich musste beweisen, dass ich noch nicht geheiratet hatte, und meine Geburtsurkunde bringen. So lange dauerte es, bis meine Familie in Äthiopien die Zivilstandspapiere zusammengesucht hatte, die ich brauchte zum Heiraten. Ich erhielt auch eine Bescheinigung, dass ich ein Kind geboren hatte.

Seit ich mit Oliver lebe, lerne ich mehr Deutsch, aber er spricht nicht bewusst Schriftdeutsch mit mir. Durch ihn verstehe ich Schweizerdeutsch. Ich schaue viele Kinderfilme, um Hochdeutsch zu hören. Ich habe nur zwei Deutschkurse gemacht, denn Oliver musste alles für mich bezahlen, und wir wussten nichts von Gratiskursen. Bald konnte ich in der Kirchgemeinde beim Kindernachmittag mithelfen. Als Freiwillige, weil ich nicht zu Hause herumsitzen wollte. Die Arbeit mit den Kindern hat mir viel Freude gemacht. Mit Kindern zu spielen, hat mir auch etwas für die Sprache geholfen, weil Kinder viel reden, wenn auch meistens auf Schweizerdeutsch.

Ich wollte schnell arbeiten gehen. Oliver hat mich dabei unterstützt, einen dreijährigen Kurs in Kinderbetreuung zu absolvieren. Die Theorie fand jeden Monat einen ganzen Samstag statt. Gleichzeitig mussten wir in der Praxis arbeiten, das konnte ich in Basel ein Jahr lang in einer Spielgruppe machen und vier Monate als Springerin für eine Schwangerschaftsvertretung. Dann wurde es schwierig. Für ein weiteres Praktikum fand ich keine Stelle, und der Kurs kostete eintausend Franken pro Jahr, die wir selbst bezahlen mussten. Daneben putzte ich in einem Privathaus, um Geld zu verdienen. Aber der Kurs war so teuer, und mein Deutsch wurde nicht besser. Nach zwei Jahren gab ich auf. Hätte ich das dritte Jahr noch gemacht, würde ich jetzt ein Zertifikat haben, so erhielt ich nur eine Bestätigung für zwei Jahre. Heute arbeite ich in einem Hotel als Aushilfe in der Küche, im Service und im Housekeeping. Die Arbeit ist sehr anstrengend. Aber ich verdiene mein eigenes Geld, das ist mir wichtig. Die Sprache Deutsch ist immer noch schwierig für mich. Ich will etwas sagen, und ich kann es nicht, nicht so, wie in meiner Heimatsprache. Auch wenn ich etwas machen will, ist die Grenze das Deutsch, immer diese Blockade. Seit ich Geld verdiene, konnte ich einen selber bezahlten Deutschkurs besuchen, so wird es langsam etwas besser.

Dann wollte ich in Äthiopien meine Familie besuchen, auch meine Tochter. Die äthiopische Botschaft wollte mir jedoch keinen Pass geben. Sie sagten, es gibt eine neue Regel, niemand geht ohne Pass aus Äthiopien weg. Ich müsse eine Passkopie oder die Passnummer haben, sonst würde ich keinen Pass bekommen. Erst ein Jahr nach der Hochzeit fand meine Cousine, die längst aus Dubai zurückgekehrt war, bei ihrer Mutter ein Papier. Es war eine Kopie vom arabischen Visum mit der Passnummer. Unsere Familie lässt viele Papiere bei meiner Tante, wir denken nicht, dass wir sie brauchen, aber wir machen Kopien und lassen sie dort zur Sicherheit.

Die Cousine sagte: «Da steht dein Name, und es ist sicher, diese Passnummer ist deine. Dann gibst du einfach diese Nummer an, und wenn es nicht deine ist, dann sagen sie es dir.» Zum Glück war es meine Passnummer!

Seitdem ich meine Tochter Tigist bei meinem Besuch in Äthiopien wiedergesehen hatte, wünschte ich mir, dass sie nach Muttenz kommt. Oliver sagte, okay, wir holen sie als Familiennachzug, denn sie war noch nicht achtzehn Jahre alt. Ich fragte sie, aber Tigist sagte, nein, ich will nicht, denn meine Familie ist in Äthiopien. Mein Bruder ermutigte sie, sie hat überlegt und beschlossen, ja, ich probiere mal, mit meiner Mutter zusammenzuwohnen. Tigist ist 2017 in die Schweiz gekommen. Der Anfang war schwierig, für mich und für sie. In der ersten Zeit hatte sie viel Kontakt mit ihrer Familie – meinen Eltern und Schwestern – und nicht mit mir. Wir konnten verstehen, dass sie Heimweh hatte, also schlug Oliver vor, für einen Besuch nochmals nach Äthiopien zu reisen, nach weniger als einem Jahr. Das hat Tigist geholfen, sie kam wieder mit mir zurück und wurde ruhiger.

In Äthiopien hatte meine Tochter bereits eine gute Schule gemacht, denn inzwischen war in der Nähe meiner Eltern ein Schulhaus gebaut worden. Auch daher konnte sie in der Schweiz erfolgreich eine Integrationsklasse abschliessen. Nach nur zwei Jahren begann sie eine Lehre im Detailhandel, jetzt hat sie eine Stelle und macht dazu eine Weiterbildung. Für mich ist Tigist heute wie ein neu geborenes

Kind, sie ist so nahe, sie wohnt bei uns, und ohne mich geht sie nicht in den Ausgang in die Stadt. Sie hat auch guten Kontakt mit Oliver, sie erzählt viel, was in der Schule und bei der Arbeit passiert, sie erzählt es ihm, und er hört ihr auch zu. Tigist vermisst Äthiopien immer noch sehr. Sie ist jetzt auf einem guten Weg und kann dann selber entscheiden, was sie in ihrem Leben weiter machen möchte, ob hier in der Schweiz oder in Äthiopien. Oliver ist noch nie dort gewesen, zuerst reichte das Geld nicht, damit wir alle gehen können, dann kam Corona, und jetzt ist überall Krieg, nicht nur in Tigray.

Jetzt bin ich zufrieden, dass ich mit meiner Tochter leben darf. Vorher war ich selber Kind, ich wollte kein Kind haben, ich war nicht zufrieden. Aber jetzt ist es gut. Die Schweiz ist der Ort, wo ich sein möchte. Ich habe so viel durchgemacht, so schlechte Sachen, um in der Schweiz bleiben zu können. Jetzt will ich wirklich hierbleiben.

In der Schweiz sind viele Sachen für mich gut, zum Beispiel, wenn ich krank werde, bekomme ich sofort Hilfe: Spital, Krankenwagen, alles bekomme ich – sie denken nicht, du bist schwarz, du bist Ausländerin, du bekommst keine Hilfe! In Äthiopien, wenn du kein Geld hast, hilft niemand, höchstens die Familie. Wer Geld hat, kann ins Hospital gehen und bekommt Hilfe. Aber wenn du keine Familie hast und kein Geld, bleibst du auf der Strasse. Es ist auch besser, dass ich nicht Polizistin in Äthiopien geworden bin, denn es ist so schlimm mit der Polizei in meinem Land. Sie sind nicht korrekt, sie hören nicht zu, sie schlagen sofort und sind aggressiv, nicht alle, aber viele. Ich habe das gemerkt, weil ich die Polizei hier in der Schweiz anders kennengelernt habe. In Äthiopien gibt es viel Gewalt gegen Frauen und Kinder und kaum Schutz vom Staat durch Gesetze oder Hilfsangebote. Frauen sind immer noch unten, sie bekommen Druck. Die Männer können über die Frauen bestimmen. Jetzt ist Krieg im Land, sie nehmen Frauen und Kinder weg, und sie vergewaltigen Frauen – das macht mich traurig. Es gibt keine Demokratie für Frauen in Äthiopien. Vieles ist schwierig, aber die gute Seite, das ist meine Familie und meine Heimatsprache. In der Schweiz fehlt mir meine Familie und die Möglichkeit, einfach zu sagen, was ich meine. Wie ich die Menschen hier erlebe? Anders als in Äthiopien. Es gibt hier wenig Kontakt und immer Stress. Ich lache gerne *(lacht)*, aber wenn ich rausgehe, dann lacht niemand, auch nicht bei der Arbeit oder zu Hause. Mein Mann lacht nicht so viel. Auch mit den Nachbarn habe ich keine Beziehung, ich spüre keine Offenheit, das macht mich traurig. In Äthiopien hast du immer Kontakt, wir trinken Kaffee miteinander, und an Feiertagen kommen alle zusammen. Ich selber habe hier auch immer Stress: von der Arbeit, dann einkaufen gehen, kochen, am Abend schlafen gehen, aufstehen, zur Arbeit gehen, so. Ja, manchmal fehlt mir sogar die Zeit, mit meiner Tochter zu reden!

Ich dachte nicht, dass ich so viel zu erzählen habe, aber wenn ich anfange, kommt automatisch, was ich erlebt habe. Meine Familie sagt, du bist eine starke Frau, du machst alles gut, du bist eine geduldige Frau. Ja, ich brauchte viel Geduld.

Eine Freundin sagte: «Hey, du bekommst ein Negativ, und die Schweiz schreibt, du hast fünf Tage, um das Land zu verlassen und macht dir Angst, aber du hast gut geschlafen!» Ich antwortete, ja, warum nicht? *(lacht)*

In einer schwierigen Situation hilft mir mein Denken: Heute ist heute, morgen ist ein anderer Tag. Ich sage mir: Ich kann das! Das ist mein Vertrauen. Ich glaube an Gott, das gibt mir Zuversicht. Ich lasse mich nicht vom Schrecken lähmen. Ich habe Fehler gemacht, aber ich habe immer eine Ermutigung für mich: Okay, es gibt wieder einen neuen Tag.

Es war mein Glück, dass ich bei der Polizei Schutz fand, als ich in die Schweiz ankam. In Dubai hatte ich so viele Probleme gehabt. In Genf sagte ich mir: Es ist vorbei, ich kann weitermachen, um eine gute Perspektive zu bekommen. So ermutigte ich mich: Das alles habe ich geschafft, dann schaffe ich es auch hier. Und das habe ich geschafft. ●

Aufgrund der Arbeitszeiten von Mekdes Yilma Belehu war es nicht einfach, einen Termin für das Gespräch zu finden, wir führten es am 26. September 2023. Die Jahresangaben waren eine Herausforderung, weil sich die Kalender in Äthiopien und der Schweiz voneinander unterscheiden. Mekdes ist stolz auf ihren Beitrag und freut sich auf das Buch. Sie hat eine Fotografie ausgewählt, die sie in religiöser Tracht zeigt, aufgenommen von ihrem Bruder anlässlich einer Hochzeit in Äthiopien.

Im Zusammenhang mit Mekdes' Aufenthalt im Ausreisezentrum Flüeli bei Valzeina verweisen wir auf den «Verein Miteinander Valzeina» als Beispiel dafür, wie sich die lokale Bevölkerung für die Menschenwürde abgewiesener Geflüchteter seit 2008 einsetzt. Auf dessen Webseite (https://www.vmv.ch/) finden sich vielfältigste Informationen, u.a. der Hinweis auf den Film «LIFE IN PARADISE – Illegale in der Nachbarschaft» (2013) von Roman Vital. «Weiterführende Informationen», im Anhang ab Seite 162.

Es ist herausfordernd, aber ich halte es für wichtig, authentisch zu bleiben. Integration und Anpassung bedeuten nicht, dass man seine eigene Kultur aufgibt, um eine andere zu imitieren. Vielfalt ist bereichernd und wichtig. Mit der Zeit habe ich festgestellt, dass dies hier akzeptiert und nicht als negativ angesehen wird.

O Nilgün Özdal

geboren 1968 in der Türkei

Es fiel mir schwer, meine Heimatstadt zu verlassen. Niemals hatte ich zuvor daran gedacht, im Ausland zu leben. Doch aus politischen Gründen hatten mein Partner und ich keinen sicheren Lebensraum und konnten für unsere Familie keine dauerhafte Stabilität gewährleisten. Mein Partner hatte entschieden, unsere Heimat zu verlassen, ich aber wollte bleiben. Meine Freundinnen und Freunde überzeugten mich, dass das Verlassen meines Landes die beste Lösung für uns war. Vor allem für die Sicherheit meines Sohnes und seine Schulbildung willigte ich schliesslich ein, mitzugehen. Es dauerte zwei Jahre, bis wir aufbrachen. Zuerst versuchten wir, legal ein Visum zu erhalten. Wir bewarben uns bei verschiedenen Ländern, erhielten jedoch kein Visum, da sie vermuteten, dass wir Asyl beantragen würden. Unterdessen erlebten wir zwei schwere Erdbeben in Istanbul, und mein Gesundheitszustand verschlechterte sich.

Das Ausreisen selbst war ein riskantes Vorhaben, aber mit Kind eine besondere Gefahr. Die Nutzung von Dokumenten, die nicht uns gehörten, barg grosse Risiken. Der Gedanke, meinen Sohn für längere Zeit nicht sehen zu können, im Fall, dass etwas schiefging, bereitete mir am meisten Sorgen, Stress und Angst. Vor der Abreise hatte ich noch etwas Deutsch gelernt, um eventuelle Fragen am Flughafen beantworten zu können. Wir reisten mit dem Flugzeug und bestanden die Kontrollen problemlos. Innerhalb weniger Stunden betraten wir ein anderes Land und liessen alles zurück. Wir trugen lediglich eine kleine Tasche mit einigen Kleidungsstücken. Auf der einen Seite war ich erleichtert, dass wir die Reise ohne Probleme überstanden hatten, auf der anderen Seite war ich sehr traurig, weil ich meine Heimat und meine Lieben, alles, was uns und ihnen gehörte, dort gelassen hatte. Eine bittere Leere erfüllte mich, die bis heute nicht ganz verschwunden ist. Für mich erschien es in der Schweiz überall düster. Ein Heimweh begann.

Ich lebe nun schon seit 23 Jahren in der Schweiz. Dennoch empfinde ich, wenn ich darüber rede oder mich erinnere, nach wie vor diese tiefe Traurigkeit darüber, dass ich mein Heimatland verlassen musste. Während acht Jahren konnte ich aus politischen Gründen nicht in die Türkei zurückkehren, weshalb ich mich hier nicht wirklich frei fühlte. Das Leben im Exil bedeutet auch eine Einschränkung der Freiheit. In der ersten Zeit fühlten wir uns nie wirklich sicher. Die ständige Bedrohung durch die Ausländerpolizei, das langwierige, fast vierjährige Aufenthaltsverfahren und wirtschaftliche Schwierigkeiten machten unser Leben äusserst herausfordernd. Auch für unsere Partnerschaft war es eine Belastung, sodass wir uns nach zehn Jahren trennten.

Es ist besonders anspruchsvoll, in einem neuen Land akzeptiert zu werden, in sozialen Kreisen Freundschaften zu knüpfen und sich ständig vorstellen zu müssen und unsere Herkunftskultur zu erklären, um Klischees zu überwinden.

Die Erziehung der Kinder – unser zweiter Sohn kam nach zwei Jahren hier zur Welt – gestaltete sich als schwierig, da sie ohne enge Familienbande aufwuchsen. Sie kennen bis heute ihre Verwandten kaum, weil sie sie nur selten sehen, daher fehlt diese Verbindung. Dies beeinträchtigt mich negativ, denn ich habe das Gefühl, ich lasse sie im Leben allein. Die Bedeutung der Türkei spielt für sie eine untergeordnete Rolle. Seit sie erwachsen sind, reise ich meistens ohne sie dorthin, da sie kaum Interesse haben mitzukommen. Sie sind hier aufgewachsen, das kann ich nachvollziehen.

In den ersten Jahren hoffte ich, die politische Lage in der Türkei würde sich verbessern, und hegte oft den Gedanken an eine Rückkehr. Gleichzeitig war es mein Ziel, die Kultur und Geschichte der Schweiz zu entdecken sowie die Sprache besser zu lernen. Ich habe nahezu die gesamte Schweiz bereist. Die Organisation sowie die Pflege der Natur und historischer Gebäude haben mich tief beeindruckt. Die Museen, besonders ihre Detailgenauigkeit, Vielfältigkeit und ständige Aktualisierung der Ausstellungen, gefallen mir ausserordentlich. Ich besuche immer wieder dieselben Museen und entdecke bei jedem Besuch Neues, was mich begeistert. Die Taten und Schöpfungen der Menschen in der Geschichte faszinieren mich, und das hilft mir, ihre Errungenschaften besser zu verstehen.

Die idyllischen Bergdörfer bieten einen bezaubernden Anblick. Wintersport und Schlittenfahren mit meinen Kindern waren die Dinge, die ich besonders liebte und immer noch liebe. In kleinen Städten und Dörfern fühle ich mich wie in einem Märchenbuch, vor allem zu Weihnachten. Ich bin in einer grossen Stadt geboren und aufgewachsen, deshalb schätze ich die Kleinheit der Schweizer Städte sowie ihre Nähe zur Natur, die von den Menschen rege genutzt wird. Meine Geburtsstadt Gaziantep ist trocken und sehr heiss, daher sehnt man sich in langen Sommern nach Grün und kühlen Tagen. Natürlich vermisse ich das Meer und die Vegetation des mediterranen Klimas sehr. Daher reise ich, wenn sich die Gelegenheit bietet, zu den nächstgelegenen südlichen Orten, wenn auch nur für kurze Zeit, und manchmal sogar in die Türkei. Die meisten Menschen aus meinem Heimatland kommunizieren schnell. Sie sind offen für neue Beziehungen und Freundschaften. Sie zeigen ihre Gefühle, man kann rasch Sorgen und Freuden mit anderen Menschen teilen. Dafür müssen sie nicht unbedingt gut befreundet sein. Nachbarschafts- und Verwandtschaftsbeziehungen sind sehr wichtig. In der Schweiz ist es anders, hier erlebe ich oft, dass die Leute ihre Gefühle nicht gern zeigen, sie versuchen, immer gut auszusehen. «Alles tipptopp» und «super» höre ich oft. Ich finde das oberflächlich. Für mich ist es langweilig, wenn jemand versucht, alles perfekt erscheinen zu lassen, denn es erschwert das Kennenlernen von Menschen und schafft Unsicherheit. Aus der kulturellen Perspektive des Südens ist das schwierig zu verstehen und schockierend. Dies hat sich auch auf mein Verhalten ausgewirkt. Ich brauchte viel Zeit, um enge und aufrichtige Freundschaften zu finden. Es fiel mir schwer zu begreifen, ob das erlebte Verhalten an der Kultur liegt, der Distanzierung gegenüber Fremden, der Angst, oder ob es der Ausgrenzung dienen soll. Es dauerte Jahre, um die Unterschiede und Feinheiten zu verstehen – in der Zwischenzeit kann ich das besser einordnen.

Positiv zu bleiben, und es immer wieder neu zu versuchen, erfordert Geduld und kontinuierlich Energie. Für viele Eingewanderte ist das besonders schwierig.

Nach der Überwindung zahlreicher Hindernisse, hierher zu kommen und nicht akzeptiert zu werden, schädigen negative Erfahrungen das Zugehörigkeitsgefühl. Es entsteht ein Parallelleben. Die Vorurteile nehmen weiter zu, es kommt zum Rückzug und irgendwann zu völliger Isolation. Ausländerfixierte Politik der konservativen Parteien verstärkt diese negativen Gefühle und Vorurteile auf beiden Seiten. Die kontinuierliche Darstellung von Wirtschaftsmigration als Anreiz für überflüssige Leute im Land und die aggressive Wahlpropaganda, die Ausländer mit Kriminalität in Verbindung bringt, sind nichts anderes als psychische Gewalt. Als Mensch haben mich Diskriminierungserfahrungen, die ich von Zeit zu Zeit wahrgenommen oder erlebt habe, zum Beispiel das Plakat mit dem schwarzen Schaf, mehr oder weniger berührt. Ich bewahre meine Gesundheit, indem ich politisch bewusst bleibe, mich klar ausdrücke und die für mich bedeutenden Anliegen nicht aufgebe.

Ich habe mich nie dazu verurteilt, ein Parallelleben zu führen. Ich lebe in diesem Land, bin Teil der Gesellschaft hier, mein Leben kann nicht getrennt oder losgelöst von den Menschen vor Ort sein. Sollte das geschehen, wäre ein normales Leben nicht möglich, es bliebe unvollständig und unerfüllt.

Ich stamme aus einer angesehenen Familie, die es liebt, anderen Menschen zu helfen und sie zu unterstützen. Meine Verwandten sind naturverbunden und interessieren sich sehr für den Naturschutz. Bildung und Selbstständigkeit werden bei uns von beiden Geschlechtern gleichermassen geschätzt. Starke Frauen, unabhängig von ihrem Bildungsniveau, geniessen in unserer Familie grossen Respekt. Die meisten Frauen in meiner Familie sind emanzipiert, selbstständig und besitzen eine starke Persönlichkeit. Sie können Krisensituationen gut managen und bewahren stets ihre Ruhe. Meine Oma, meine Tante von Vaterseite und meine Mutter sind für mich grosse Vorbilder. Doch auch mein Opa und mein Vater hatten mit ihrem Wissen, ihrem Charakter und ihrer Offenheit sowie ihrem Fleiss einen bedeutenden Einfluss auf meine Persönlichkeit. Sie alle haben mir geholfen, stark und positiv zu bleiben und mit den Herausforderungen in meinem späteren Leben zurechtzukommen.

Anfangs dachte ich, die Schweiz sei sehr modern, nach und nach war ich jedoch überrascht zu erfahren, dass sie in manchen Bereichen traditionell ist und viele Frauen dies als normal empfinden. Als ich das erste Mal bei einem Friseur in der Schweiz war und meine langen Haare ganz kurz schneiden lassen wollte, fragte er: «Haben Sie Ihren Mann gefragt?» Ich war schockiert. Obwohl ich es in der Türkei oft hatte machen lassen, war mir das nie passiert. Das Traditionelle äussert sich auch auf der strukturellen Ebene. Noch im Jahr 2005 wurde mir gesagt, es sei nicht realistisch, mit zwei kleinen Kindern zu studieren, als ich einen Antrag stellte für ein Stipendium. Ich wollte nicht, wie mir von der Berufsintegrationsstelle empfohlen wurde, eine Ausbildung im Pflegebereich machen, sondern aufbauend auf mein

Studium der Wirtschaftswissenschaften in der Türkei ein entsprechendes Nachdiplomstudium absolvieren. Offizielle Institutionen verweigerten mir ihre Unterstützung und behaupteten, meine Ziele seien unerreichbar. Der Ausschluss von Frauen mit Kindern, sowie die Einmischung dieser Institutionen in mein Privatleben, schockierten mich zutiefst und lösten Wut in mir aus. Anfangs fiel es mir schwer, dies zu verstehen.

Ich dachte, möglicherweise hatte ihr Verhalten mit meinem Migrationshintergrund zu tun, aber später erkannte ich, der Hauptgrund lag in ihrer reaktionären Haltung gegenüber Frauen.

Diese demütigenden Aussagen hinderten mich nicht daran, meinen eigenen Weg zu verfolgen. Ich erkundigte mich nach der rechtlichen Grundlage für die Ablehnung und erkannte aus den Antworten, dass es sich um eine willkürliche Praxis handelte. Treffen mit Beratenden verschiedener Institutionen, die finanzielle Bildungsunterstützung anbieten, sowie das Schreiben eines Briefes, in dem ich meinen rechtlichen Widerspruch ankündigte, waren notwendige Schritte. Daraufhin wurde mir mitgeteilt, sie würden mir weiterhin bedingte Unterstützung gewähren, sofern ich keinen Widerspruch einlegte. Vollzeitstudium und das Bestehen aller Kurse bis zum Semesterende waren Voraussetzungen, die sie setzten, obwohl sie wussten, dass dies nicht für alle machbar ist. Studierende, die keine Kinder zu betreuen hatten und jünger waren als ich, hatten weniger strenge Auflagen. Sehr positive Unterstützung erfuhr ich hingegen von der Universität Basel, an der ich mein Masterstudium in nachhaltiger Entwicklung absolvierte. Darauf möchte ich besonders hinweisen. Dort habe ich erfahren, wie man im System agiert. Ich lernte, die lokale Kultur besser zu verstehen und mich verständlicher auszudrücken. Auch die Gemeinde Riehen unterstützte mich finanziell und durch gute Beratung dabei, das Studium mit Erfolg abzuschliessen. Für neu eingewanderte Menschen gestaltet es sich als äusserst schwierig, an präzise Informationen zu gelangen. Ich lernte, wie wichtig es ist, Vorurteile zu vermeiden und nicht alles persönlich zu nehmen. Es ist unerlässlich, das System als Ganzes zu verstehen, das ist ein längerer Prozess, der Zeit und Sprachkenntnisse benötigt.

Die Anzahl der Frauen in technischen Fächern der Schweizer Hochschulen ist recht gering. Im Gegensatz dazu kenne ich in meiner Familie und meinem Umfeld in der Türkei viele Frauen, die in technischen Bereichen studiert haben und arbeiten. Emanzipiert zu sein, hindert die türkischen Frauen nicht daran, sich mit Freude feminin zu kleiden. Bei meinen früheren Kursen an der Fachhochschule in Olten fielen mir die jungen Frauen auf, deren Kleidung von Kopf bis Fuss männlich wirkte. Bei späteren Gesprächen mit einer Schweizerin erklärte diese, sie traue sich nicht, feminine Kleidung zu tragen, während Migrantinnen in dieser Hinsicht mutiger seien und ihre Weiblichkeit leichter ausdrücken würden.

Durch die Unterstützung des Frauenvereins erkannte ich die Bedeutung von Frauensolidarität. Mein jüngerer Sohn benötigte Betreuung, damit ich die Sprache erlernen und mein Studium absolvieren konnte. Dank des Frauenvereins fand ich innerhalb kürzester Zeit einen Platz in der Kindertagesstätte (Kita) für mein Kind.

Der Dialog mit den Mitarbeitenden der Kita und der Leiterin verlief stets positiv, sie zeigten sich äusserst flexibel. Ich erinnere mich immer mit Liebe und Respekt an diese Erfahrung und freue mich sehr, wenn wir uns aus irgendeinem Grund oder zufällig unterwegs begegnen. Es erfordert einen ernsthaften Kampf, sich für einen beruflichen oder politischen Weg zu entscheiden und erfolgreich zu sein. Für viele gebildete Mütter gilt es hier als normal, zu Hause zu bleiben, und dies wird als ihre eigene Entscheidung betrachtet. Sie erklärten mir, dass sie zu Hause bereits genug zu tun hätten, aber wirklich zufrieden erschienen sie mir nicht. Eine solche Aussage habe ich in der Türkei von gut ausgebildeten Frauen nie gehört. Das negative Image berufstätiger Mütter wird weiterhin aufrechterhalten. Kinderbetreuung bleibt privat, weder der Staat noch die Wirtschaft schaffen ausreichende Rahmenbedingungen, damit Frauen im Berufsleben bleiben können. Tatsächlich sagte ein nationaler Parlamentarier einer Nationalrätin im Jahr 2022 direkt ins Gesicht, eine berufstätige Mutter sei eine schlechte Mutter. Es war für mich unglaublich, bei einem Netzwerktreffen von Politikerinnen von dieser Frau zu hören, dass sogar die Medien fragten, was ihre Kinder machten, während sie im Parlament arbeitet.

In der türkischen Gesellschaft ist es nicht üblich, dass eine gebildete Frau zu Hause bleibt. Die meisten bevorzugen es, im Berufsleben aktiv zu bleiben, und kehren oft schon innerhalb des ersten Jahres nach der Geburt ins Arbeitsleben zurück. Zumindest in meinem Umfeld gilt eine berufstätige Mutter keinesfalls als schlechte Mutter. Sie wird als angesehene Mutter betrachtet, weil sie es schafft, viele Aufgaben erfolgreich zu bewältigen. Leider sind auch in der Türkei viele Männer noch weit davon entfernt, sich gleichwertig an der Hausarbeit zu beteiligen. Grosse private und staatliche Firmen bieten häufig Kinderbetreuung an, die von vielen Eltern genutzt wird. Auch sonst gibt es viele Möglichkeiten der Kinderbetreuung: private und staatliche Kitas, Tagesstrukturen in Kindergarten und Schule, Nachbarschaft, Familie sowie bezahlte Haushaltshilfen. Meine Erfahrungen im Alltag verstärkten mein Interesse an Frauenthemen und den entsprechenden Vereinen und Organisationen. Dank einer Frauenbibliothek in Riehen konnte ich in den ersten Jahren auf viele Ressourcen zugreifen und recherchieren. Ich lernte die Geschichte der Hexen und des erst 1971 eingeführten Stimm- und Wahlrechts für Frauen kennen.

Es überraschte mich zu erfahren, dass Frauen bis vor Kurzem stark unterdrückt wurden, die Männerdominanz vorherrschend und sogar gesetzlich verankert war. Frauenrechte, bzw. deren Umsetzung, hinken deshalb hinterher. Und es gibt sie, die Frauen, die weiterhin für Gleichberechtigung kämpfen. Die in den letzten Jahren gewachsene Frauenbewegung gibt mir grosse Hoffnung.

Es ist ermutigend zu sehen, dass Frauen ihre Probleme anerkennen und aktiv nach Lösungen suchen und kämpfen, z.B. für wirtschaftliche Gerechtigkeit, für ihre Arbeit im Beruf und im Haushalt. Ich begann an verschiedenen, von Frauen organisierten Treffen und Workshops teilzunehmen. Ich traf viele Aktivistinnen, und es kommen immer neue hinzu. Dies stellt für mich einen grossen Reichtum dar. Ganz eindrücklich erlebe ich die Bewegung des Frauenstreiks, der jedes Jahr am 14. Juni Tausende von Frauen auf die Strasse bringt. Im Jahr 2019 waren wir eine halbe Million, und ich war Mitglied des Organisationskomitees in Basel. Mit der Organisation WIDE Switzerland organisiere und moderiere ich regelmässig Workshops mit Migrantinnen, bei denen sich die Frauen über ihre Situation austauschen und so auch von meinen Erfahrungen profitieren können. Ich teile gerne mit anderen Menschen, was ich gehört, gesehen, gelesen und gesammelt habe, das gehört zu meinem Alltag. Von Zeit zu Zeit verfasse ich Artikel, vor allem auf Türkisch, zu feministischen und migrantischen Themen und Anliegen.

Die Türkei ist ein dynamisches Land, in dem sich alles schnell ändern kann. Hier in der Schweiz dauert es oft lange, um Veränderungen herbeizuführen. Das bietet einerseits Sicherheit, andererseits kann der Einsatz für positive Veränderungen demütigend sein. Leistung steht über allem, was einen starken Druck erzeugt. Es bleibt eine Grundvoraussetzung, die Sprache gut zu beherrschen und die rechtlichen Grundlagen zu recherchieren. Viele der Informationen, die Eingewanderte in ihrer Herkunftssprache untereinander verbreiten, haben keine rechtliche Grundlage oder weisen Lücken und Unklarheiten auf. Ich weiss, dass viele von ihnen nicht in der Lage sind, die Landessprache ausreichend zu erwerben, während sie gleichzeitig hart arbeiten und unter schwierigen sozioökonomischen Bedingungen leben. Es ist für sie schwierig, aus diesem Teufelskreis herauszukommen. Dabei ist es häufig möglich, einen Kompromiss und eine Lösung zu finden, wenn diese aufrichtig, offen und ehrlich geäussert werden. In dieser Hinsicht habe ich positive Erfahrungen gemacht, die ich bei meiner Arbeit anderen Menschen weitergebe.

Das Leben mit zwei Kulturen ist herausfordernd, aber ich halte es für wichtig, authentisch zu bleiben. Integration und Anpassung bedeuten nicht, dass man seine eigene Kultur aufgibt, um eine andere zu imitieren. Vielfalt ist wichtig und bereichernd. Mit der Zeit habe ich festgestellt, dass dies hier akzeptiert und nicht als negativ angesehen wird. Wir lernen voneinander und bereichern uns gegenseitig. Ich schätze es sehr, in meinem türkischen Umfeld Flexibilität, Lebendigkeit und einen eigenen Humor zu geniessen. In der Schweiz erlebe ich Stabilität und Ruhe auf Augenhöhe. Ich habe gute nachbarschaftliche Beziehungen und enge Freundschaften, die ich geniesse. In Notfallsituationen zeigen sich die Menschen hier äusserst professionell und bewahren Ruhe. Das erlebte ich zweimal, als ich einen Unfall hatte, mit dem Auto und dem Velo.

Es hat etwa zehn Jahre gedauert, bis ich wirklich das Gefühl hatte, hier zu Hause zu sein. Die Schweiz ist heute meine zweite Heimat, und ich liebe sie. Ich habe das Stimmrecht seit meiner Einbürgerung im Jahr 2017 und nutze es, weil ich mich verantwortlich fühle.

Ich kenne die Menschen vor Ort besser, habe keine grösseren Probleme und empfinde mich nicht mehr als Ausländerin. Ich nehme aus beiden Kulturen das an, was zu meiner Persönlichkeit passt. Mir fehlt nur ab und zu der Reichtum meiner Muttersprache, wenn ich nach bestimmten Wörtern suche.

Es freut mich, dass meine Kinder sich nicht als anders empfinden und sich in ihrem Umfeld mit Menschen aus allen Gesellschaftsschichten wohlfühlen. Wenn ich in ein anderes Land als die Schweiz reise und zurückkomme, empfinde ich genauso viel Freude, «nach Hause zu kommen» wie früher, wenn ich in die Türkei reiste. Manchmal treffe ich im Ausland Personen aus der Schweiz, dann merke ich lustigerweise, dass wir uns als Landsleute begrüssen. Mein Freundeskreis ist international, und ich geniesse diese Vielfältigkeit in der Schweiz.

Ohne Begleitung in der Nacht unterwegs zu sein, macht mir hier deutlich weniger Angst als in der Türkei, wo ich häufiger verbale Belästigungen durch Männer erlebe. Es sollte möglich sein, auch spät abends ohne Angst allein unterwegs zu sein. Türkische Frauen müssen in ihrem Kampf beharrlich bleiben, da die Regierung seit einigen Jahren die errungenen Frauenrechte vehement angreift und versucht, traditionelle Frauenrollen zu verstärken. Die Mutterrolle wird von der Politik als heilig dargestellt und schränkt Frauen in ihren Möglichkeiten ein. Im Jahr 2021 ist die Türkei aus der Istanbul-Konvention zum Schutz der Frauen vor Gewalt ausgetreten. Tausende von Anwältinnen protestierten und leiteten einen gerichtlichen Prozess in die Wege, um diese Entscheidungen rückgängig zu machen. Die türkische Justiz bestätigte jedoch den Austritt. Der weltweite Kampf von Frauen für ihre Rechte und die fortschreitende Entwicklung geben mir allerdings immer wieder Hoffnung. Inzwischen interessiere ich mich für die Schweiz mehr als für die Türkei. Insbesondere die Politik und die Frauenbefreiungsbewegung liegen mir am Herzen.

Wenn ich heute in die Türkei reise, fragen sogar die Menschen in meiner Heimatstadt Gaziantep, woher ich komme, sie behandeln mich, als wäre ich eine Touristin. Manche denken, ich sei eine gut Türkisch sprechende Touristin. Das beginnt schon am Flughafen. Nachdem sie meinen Namen im Schweizer Pass gesehen haben, fragen sie überrascht: «Sind Sie Türkin?» Das tut mir weh, da ich dies in den ersten Jahren in der Schweiz so häufig gehört hatte. Jetzt empfinde ich mich eher als Fremde in der Türkei, während ich mich in der Schweiz seit langem zu Hause fühle. Ich spüre wegen solcher Reaktionen, dass sich sowohl bei mir als auch in meiner Heimat etwas geändert hat.

Ich denke, es ist eine Realität der meisten Eingewanderten, dass sie auch in ihrem Herkunftsland zu Gästen werden.

Ich habe meine Kinder fast vierzehn Jahre lang alleine grossgezogen und musste viele Herausforderungen bewältigen. Wirtschaftliche Schwierigkeiten waren schon immer ein Teil meines Lebens. Leider habe ich im Bereich der nachhaltigen Entwicklung bis jetzt keine feste Anstellung gefunden. So arbeite ich in verschiedenen Projekten, und die Situation kann sich jedes Jahr ändern, zudem leiste ich viel Freiwilligenarbeit. Es erfordert viel Energie, in einem anderen Land ohne familiäre Unterstützung zurechtzukommen und stark zu sein. Doch jede Herausforderung, der ich mich stellte, hat mich stärker gemacht. Ich schaue nach vorne und lebe trotz aller Schwierigkeiten gerne in diesem Land, das ich anfangs widerwillig betreten habe. Hier gründete ich ein neues Leben, und die Unterschiede haben mich bereichert.

Meine Botschaft an Frauen heisst: No pain no gain – ohne Schmerz kein Gewinn! Wir sollten selbst aktiv werden und nicht darauf warten, dass andere für uns handeln oder denken. Auf Türkisch sagen wir: Elini taşın altına koymak – die Hand unter den Stein legen. Du musst selber Verantwortung übernehmen und mutig sein, das ist nicht unbedingt bequem. Wenn wir gemeinsam handeln – also zusammen die Hände unter den Stein legen, um ihn zu bewegen –, können wir schneller vorwärtsgehen. ●

Nilgün Özdal beabsichtigt, ein Buch über ihre persönlichen Erfahrungen zu schreiben. Diesen Text begann sie in türkischer Sprache. Da die Übersetzung mit einem digitalen Programm nicht überzeugte, beschloss Nilgün, sich direkt auf Deutsch auszudrücken. Dieses Portrait hat sie als ersten Schritt in die Öffentlichkeit verfasst. Über sich selbst zu schreiben und dafür prägende Themen auf ihrem bisherigen Weg auszuwählen, erlebte Nilgün als Herausforderung. Im Austausch mit Heike, und aufgrund entstandener neuer Fragen während der Redaktionsarbeit, ergänzte sie ihren Text. Die Fotografie (z.V.g.) zeigt Nilgün am nationalen Frauenstreik vom 14. Juni 2023 in Basel.

Nilgün Özdal publiziert in der Zeitung «Arkadas», die in der Schweiz in türkischer Sprache zu Themen aus Kultur, Politik und Wissenschaft online und gedruckt erscheint:
https://arkadas.ch/category/yazarlar/nilgun-ozdal

Artikel über die Basler Museumsnacht:
https://arkadas.ch/halktan-iki-ressamin-eserlerinden-izlenimser/

Nilgün schreibt auch regelmässig für die türkische Organisation «Ekmek ve gül» (Brot und Rosen): https://ekmekvegul.net/ gundem/isvicre-tarihinin-karanlik-sayfasi-cadilarin-yakilmasi-ve-gunumuze-yansimalari

Hatte die Frau, die ihr Portrait abbrach, neben dem Schmerz möglicherweise auch Angst, das Teilen ihrer Erfahrungen mit kritischen Äusserungen könnte dazu führen, dass ihr Aufenthaltsstatus nicht verlängert würde? Die Unsicherheit rund um die Verlängerung der Aufenthaltsbewilligung wird von vielen Ängsten begleitet. Nur nicht negativ auffallen!

O Der Mensch im Räderwerk der Migrationspolitik

Zum Portrait, das die betroffene Frau abgebrochen hat.

Heike Wach

Das zehnte Portrait blieb ein Gespräch, das wir transkribierten und zu einem Text zusammenstellten. Es wurde, wie jedes der Portraits, ein wichtiges Puzzleteil vom Buch als Ganzes. Die Frau wusste viel zu erzählen von verschiedenen Stationen auf ihrem Weg. Allerdings war es das einzige Gespräch, bei dem mir als Initiantin Zweifel aufkamen. Hatte sie mit uns gesprochen, um uns einen Gefallen zu tun? Das entsprach nicht der Idee, und doch hatten wir sie aktiv ermutigt, ihre Geschichte zu erzählen, von der ich während unserer langjährigen Beziehung bereits manches gehört und miterlebt hatte.

Die Frau ist ein Beispiel dafür, wie viel Schwieriges eine Migrantin auf der Flucht und beim Ankommen in der Schweiz erleben kann, sei es die Angst, ausgewiesen zu werden, sei es das Leben in der Asylunterkunft, zusammen mit anderen Familien auf engstem Raum, oder finanzielle Nöte infolge von Verzögerungen bei sozialen Leistungen. Ihre Erfahrungen erzeugten immer wieder Ohnmacht, es waren Rückschläge für das sichere Ankommen, was sich in körperlichen Beschwerden manifestierte. Gleichzeitig ist die Schweiz das Land ihrer Träume bis heute, der Ort ihrer Zukunft. Sie hat eine Vision und einen Plan, an denen sie festhält: Zusammen mit ihrer Familie muss sie alle Voraussetzungen erfüllen, um den bürokratisch zugewiesenen Aufenthaltsstatus zu verbessern und langfristig zu sichern. Ich bin zuversichtlich, sie wird ihr Ziel erreichen. In dem Moment, als wir mit der endgültigen Redaktion des Portraits beginnen und den Text mit ihr besprechen wollten, entschuldigte sie sich. Sie könne sich damit nicht befassen, sie wolle ihr Portrait nicht veröffentlichen. Die Erinnerungen seien noch zu schmerzhaft. Ihre Entscheidung zu respektieren, war für uns selbstverständlich. Den Schritt des Erzählens hat sie gemacht. Der Text davon bleibt ihr Eigentum, möglicherweise erhält er zu einem späteren Zeitpunkt eine neue Bedeutung, wenn sie sich erinnern will und kann.

Schweizerische Migrationspolitik

Ausgehend von dieser hier nicht dokumentierten Geschichte, wollen wir auf Grundlagen der schweizerischen Migrationspolitik eingehen. Das Bundesgesetz über die Ausländerinnen und Ausländer und über die Integration (Ausländer- und Integrationsgesetz, AIG) liefert den gesetzlichen Rahmen für Aufenthalt, Erwerbstätigkeit und Integration von Ausländer*innen in der Schweiz. Das AIG und seine Verordnungen sind für die Kantone und Gemeinden die Grundlage für deren Strategien und Massnahmen zur Integration, mit entsprechender Bürokratie. Je nachdem, woher eine Person kommt – aus welcher Weltregion und unter welchen Bedingungen, ob als Arbeitskraft, als Familiennachzug, durch Flucht vor Krieg, Umweltzerstörung oder politischer Verfolgung –, bestimmt der anhand solcher Kriterien zugewiesene Aufenthaltsstatus das tägliche Leben. Dieser Aufenthaltsstatus drängt sich auf, als Teil der Identität von Ausländer*innen in ihrer Abhängigkeit von den Behörden, z.B. für die Arbeitsbewilligung oder die Wahl des Wohnortes. Für die Integration gilt das Prinzip des Förderns und des Forderns. Entsprechend den gesetzlichen Vorgaben werden Zugezogene aufgefordert, sich eigenverantwortlich zu integrieren, wirtschaftlich und sozial. Bedeutende Kriterien sind der Erwerb der Sprachkompetenz und die wirtschaftliche Eigenständigkeit. Gleichzeitig sagt das AIG (Art. 4), es brauche für die Integration auch die Offenheit der schweizerischen Bevölkerung mit dem Ziel gegenseitiger Achtung und Toleranz. Das kann auch so verstanden werden: Die Angebote der bestehenden Institutionen für die Allgemeinbevölkerung – die sogenannten Regelstrukturen – sollten so gestaltet sein, dass alle hier lebenden Menschen, mit oder ohne Schweizer Pass, gleichwertig Zugang haben und davon profitieren können, im Bildungssystem, im Gesundheits- und Sozialwesen sowie im Arbeitsmarkt.

Kantonale Zuständigkeiten für Integration

Für die Bereitstellung staatlich geförderter Dienstleistungen im Sinne der Integration von Zugezogenen sind die aktuellen Kantonalen Integrationsprogramme (KIP) zuständig, diese basieren auf dem Ausländer- und Integrationsgesetz (AIG) des Bundes. Jeder Kanton definiert sein eigenes KIP, aufgrund der vorgegebenen Integrationsziele und spezifischen Förderschwerpunkte. Dadurch entsteht eine strategische Orientierung, die für alle Regionen der Schweiz vergleichbar sein soll und regelmässig überarbeitet wird, zurzeit ist das dritte Programm KIP3 in Kraft. Wichtig für die ausländische Bevölkerung ist das Angebot an Dienstleistungen für die Integration in sieben festgelegten Förderbereichen, dazu gehören Themen wie Spracherwerb, Beratungsdienste, frühe Kindheit oder Zusammenleben.

Im Kanton Basel-Landschaft – dem Wohnkanton der portraitierten Frauen – ist der Fachbereich Integration der Sicherheitsdirektion federführend für die Umsetzung integrativer Angebote, die sich an die meisten Ausländer*innen richten. (Nicht eingeschlossen sind Geflüchtete mit einem rechtskräftigen Asylentscheid, während ihrer ersten fünf bis sieben Jahre in der Schweiz, siehe nächsten Abschnitt.) Das dafür notwendige kantonale Budget muss als Integrationsförderkredit vom Landrat, dem kantonalen Parlament, gutgeheissen werden (was nicht für jeden Kanton der Fall ist). Im Jahr 2021 wurden die zu finanzierenden geplanten Massnahmen im Landrat von einer Minderheit infrage gestellt. In der Folge wurde das Referendum ergriffen, sodass es zu einer Volksabstimmung kam, mit dem Resultat, dass 59% der Stimmbeteiligten den Integrationsförderkredit guthiessen. Damit wurde sichergestellt, dass die Fachstelle ihre Arbeit weiterführen wie auch bestehende oder neue Projekte und Dienstleistungen finanziell unterstützen konnte, zum Beispiel das Beratungsangebot des Ausländerdienstes (ald) oder das Projekt «Bewegung in der Natur macht mich stark» vom Café International Muttenz. Solche Organisationen müssen in der Regel noch weitere finanzielle Mittel für ihre Arbeit suchen, zum Beispiel bei privaten Stiftungen.

Für anerkannte Geflüchtete, vorläufig aufgenommene Personen (Aufenthaltsstatus F) und Schutzbedürftige (Aufenthaltsstaus S) bezahlt der Bund einmalig die sogenannte Integrationspauschale für jede Person, ausgeschüttet an die Kantone. Für die Nutzung dieses Geldes ist im Kanton Basel-Landschaft das kantonale Sozialamt der Finanz- und Kirchendirektion FKD federführend.

Verantwortungen und Handlungsspielraum der Gemeinden

Diese Integrationspauschale soll für Massnahmen entsprechend den Förderkriterien des Kantonalen Integrationsprogramms (KIP) verwendet werden und wird daher den entsprechenden Sozialdiensten der Gemeinden überwiesen. Hier liegt eine grosse Verantwortung bei den dort tätigen Angestellten: Sie betreuen die Menschen, welche Sozialhilfebeiträge zugute haben. Der Sozialdienst hat den Auftrag und das Interesse, die Abhängigkeit von der Sozialhilfe durch berufliche Integration zu reduzieren. Allerdings benötigen nicht nur geflüchtete und vorläufig aufgenommene Menschen Sozialhilfe, sondern auch andere Menschen, mit und ohne Schweizer Pass.

Die Gemeinden tragen nicht nur die Verantwortung für die Sicherstellung von Sozialbeiträgen und spezifischen Integrationsmassnahmen wie der Finanzierung von Sprachkursen oder Berufscoaching. Die Gemeinden sind auch zuständig für die Bereitstellung bestimmter Regelstrukturen, zum Beispiel der Primarschule. Innerhalb dieser Regelstrukturen besteht ein gewisser Handlungsspielraum zur finanziellen Unterstützung integrativer Angebote. So sollte eine Gemeinde Kindern gezielt die Teilnahme am Vereinsleben oder an einer Spielgruppe mit entsprechender Sprachförderung ermöglichen. Allerdings sind derartige Angebote mit zusätzlichen Kosten und zeitlichem Aufwand der Ämter verbunden, viele Sozialdienste sind bereits personell überlastet, sodass diese Möglichkeiten nicht immer ausgeschöpft werden.

Das politische Räderwerk ...

Vom Staat finanzierte Integrationsmassnahmen brauchen Steuergelder. Die Politik entscheidet über deren Verwendung. Auch auf Bundesebene kommt es wiederholt zu Entscheidungen des National- und des Ständerats mit weitreichenden Folgen für Betroffene. So zum Beispiel ein Vorschlag des Nationalrats 2024, die Möglichkeiten des Familiennachzuges für Menschen mit Aufenthaltsstatus F abzuschaffen. Dieser Vorschlag wurde in einer Stellungnahme von zahlreichen ausserparlamentarischen Kommissionen scharf kritisiert und vom Ständerat nicht bestätigt (EKM 2024). Die Gesetze und der finanzielle Rahmen widerspiegeln die Meinungen und Einstellungen der stimm- und wahlberechtigten Bevölkerung. Die Mitarbeitenden der Verwaltungen von Bund, Kantonen und Gemeinden müssen die politischen Entscheidungen der gewählten Parlamente umsetzen. Sie stehen oft zwischen den Interessen der Politik und der betroffenen Personen.

... und der Mensch

Hatte die Frau, die ihr Portrait abbrach, neben dem Schmerz möglicherweise auch Angst, das Teilen ihrer Erfahrungen mit kritischen Äusserungen könnte dazu führen, dass ihr Aufenthaltsstatus nicht verlängert würde? Die Unsicherheit rund um die Verlängerung der Aufenthaltsbewilligung wird von vielen Ängsten begleitet. Nur nicht negativ auffallen! Eine Angst, die viele migrierte Menschen begleitet. So hat sich herumgesprochen, dass zum Beispiel der Bezug von sozialen Leistungen den Aufenthaltsstatus beeinträchtigen kann. Der Bezug von Sozialhilfe gilt als zentrales Kriterium für ausländerrechtliche Sanktionen (AIG Art. 62.e und 63.c), und seit 2019 sind die Sozialdienste verpflichtet, den kantonalen Migrationsämtern den Bezug von Sozialgeldern ausländischer Personen zu melden. Diese Verknüpfung von Aufenthaltsgenehmigung mit dem Erhalt von Sozialhilfe wird sehr kontrovers eingeschätzt. Es wird darauf hingewiesen, dass Betroffene in finanzieller Not, aus Angst vor einer Meldung, davon absehen könnten, staatliche Leistungen zu beantragen und in der Folge mit ihren Familien in Armut und verstärkte soziale Unsicherheit geraten (HEKS 2023 und Achermann et al. 2022).

Allein die Buchstaben der Aufenthaltsbewilligung – wie N, S, F, B oder C für den jeweiligen Status – sind für viele der Betroffenen ein Ausweis ihrer fehlenden sozialen Sicherheit. Zusätzlich werden im Zusammenhang mit der Aufenthaltsbewilligung die Buchstaben der Sprachkompetenz A1, A1.1, A1.2 bis C2 wie zu einem Mantra, das fremdsprachige Migrant*innen begleitet. Auf der Webseite des Staatssekretariats für Migration (SEM) findet sich eine Übersicht der sprachlichen Voraussetzungen für jede Stufe der Aufenthaltssicherheit. Diese Bedingungen können jedoch kantonal verschärft werden, wie das Beispiel des Kantons Basel-Landschaft zeigt (siehe Portrait Sarah Kanagaritnam, Seite 65). Sprachliche Qualifikationen sind auch entscheidend für die Ausübung bestimmter Tätigkeiten, für die Arbeit als Pflegeassistent*in wird beispielsweise das Niveau B1 verlangt, während Trampilot*innen der Züri-Linie das Niveau B2 vorweisen müssen. Diese Notwendigkeit für Sprachnachweise hat zu einem grossen Angebot an Sprachschulen und Zertifikaten geführt. Allerdings sind Sprachkurse einerseits nicht für alle bezahlbar, und andererseits sind sie für die entsprechenden Lehrpersonen, viele von ihnen Frauen, häufig mit unbefriedigenden Anstellungsbedingungen verbunden, so die Ergebnisse einer Marktanalyse des Büro BASS von 2020 (Liechti und Schärrer, 2020).

Solidarisches Engagement

Die skizzierte Praxis der schweizerischen Migrationspolitik zeigt auf, wie die staatlichen Ebenen von Bund, Kantonen und Gemeinden miteinander verwoben sind. Die staatlichen Vorgaben beeinflussen das gesamte Integrationsangebot und dessen Umsetzung. Das wirkliche Leben findet jedoch an vielen Orten statt. Hier können Informationen ausgetauscht und Zusammenhänge aufgezeigt werden, die weitere Sichtweisen hervorbringen. Dabei nehmen nichtstaatliche Organisationen eine wichtige Funktion ein. Meistens als Vereine konstituiert, ergänzen sie staatliche Angebote mit ihren Dienstleistungen und können gleichzeitig einen bedeutsamen Beitrag zur Stärkung und Ermächtigung von Migrant*innen leisten. Diese Organisationen bieten Informationen und Unterstützungsangebote, Betroffene können sich aktiv einbringen. Sie können selber einen Verein gründen, in welchem sie sich als Kollektiv für ihre Interessen einsetzen, dafür Allianzen suchen und politisch aktiv werden. Ein aktuelles Beispiel ist die Demokratie-Initiative, die am 21. November 2024 in Bern eingereicht wurde. Andere inspirierende Beispiele finden sich in den Portraits wie auch in den Essays. Es existieren auf vielen Ebenen des Räderwerkes Gestaltungsspielräume für eine menschenwürdige Migrations- und Integrationspolitik und für deren Umsetzung. ●

Die oben aufgeführten Informationen wurden vorwiegend aus bestehenden Gesetzestexten und Vorlagen des Bundes und des Kantons Basel-Landschaft zusammengetragen. Zitierte Quellen finden sich auf der folgenden Seite.

Eine umfassende, wissenschaftlich fundierte Analyse «... im Spannungsfeld zwischen Menschenrechten und zunehmend restriktiven – und Migrationsgesetzen» liefert der Sammelband: Soziale Arbeit und Integrationspolitik in der Schweiz, hrsg. von Piñeiro Esteban, Kurt Stefanie, Mey Eva und Streckeisen Peter (2023)

Quellen

Achermann Christin, Borrelli Lisa Marie, Kurt Stefanie, Niragire Nirere Doris, Pfirter Luca (2022): **Was geschieht, wenn sich Migrationskontrolle und Sozialhilfe verschränken,** *National Center of Competence in Research – The Migration Mobility Nexus – kurz und bündig #23: https://nccr-onthemove.ch/knowledge-transfer/policy-briefs-kurz-und-bundig/was-geschieht-wenn-sich-migrationskontrolle-und-sozialhilfe-verschranken/*

Eidgenössisches **Ausländer- und Integrationsgesetz** *AIG: https://www.fedlex.admin.ch/eli/cc/2007/758/de*

HEKS - Hilfswerk der Evangelischen Kirchen Schweiz (2023): **Stellungnahme zur Verknüpfung von Sozialhilfe mit Aufenthaltsrecht:** *https://www.heks.ch/medien/nun-ist-der-staenderat-gefordert-gegen-armut-fuer-inklusion*

Liechti Lena und Schärrer Markus (2020): **Anstellungsbedingungen im Bereich der privaten Sprach-, Aus- und Weiterbildungen,** *Büro für Arbeits- und Sozialpolitische Studien BASS AG https://www.buerobass.ch/fileadmin/Files/2020/Unia_2020_Schlussbericht_Privatschulen.pdf*

EKM (2024b): **Stellungnahme** *der fünf ausserparlamentarischen Kommissionen für Familien-, Kinder- und Jugend-, Migrations-, Frauen- und Rassismusfragen, EKFF, EKKJ, EKM, EKF und EKR:* **Kein Verbot von Familiennachzug für vorläufig Aufgenommene:** *https://www.ekm.admin.ch/ekm/de/home/politische-beratung/stellungnahmen/2024-11-15.html*

Ausserdem siehe «Weiterführende Informationen» im Anhang ab Seite 162, in den Rubriken «Publikationen mit Hintergrundinformationen» sowie «Gesetzliche Grundlagen und staatliche Umsetzung».

Essays

MARIANNE HERZOG, FACHPÄDAGOGIN PSYCHOTRAUMATOLOGIE UND DOZENTIN

«Dieses Buchprojekt unterstützt das Zusammenfügen von Erinnerungsfragmenten auf eine sehr wirkungsvolle Art und Weise. Es handelt sich um Biografiearbeit, die nicht nur für jene Frauen wohltuend ist, die erzählen, sondern auch die Zuhörerin inspiriert, ihren eigenen Lebenslinien nachzugehen.»

Migrationserfahrungen aus Sicht der Traumapädagogik

Marianne Herzog

Unter «Traumapädagogik» versteht man eine Pädagogik, die sich an den Ressourcen orientiert, die Übertragungsphänomene beachtet und das Schaffen eines «sicheren Ortes» für alle Beteiligten ins Zentrum stellt. Zudem berücksichtigt die Traumapädagogik die neuesten Ergebnisse der Hirnforschung.

«Ich möchte meine Geschichte erzählen», dieser Satz einer Bekannten inspirierte die Herausgeberin Heike Wach zum vorliegenden Werk. Es erzählt über die Beziehung zwischen zwei Menschen. Von einem Menschen, der dabei ist, anzukommen, oder der schon angekommen ist, und von einem Menschen, der zuhört und somit dem Weggehen und dem Ankommen eine tiefere Bedeutung gibt. Dieses Zuhören schafft einen Sicheren Ort und Sichere Orte sind zentral wichtig für die Entwicklung jedes Menschen.

Ist Weggehen eine psychische Belastung?

Menschen, die weggehen, die somit ihre angestammte Heimat verlassen, tun dies oft, weil sie dort den Sicheren Ort verloren haben. Häufig haben diese Menschen Krieg, Zerstörung, Hunger, Armut, Vertreibung, Geiselnahme oder auch Bandenkriminalität erlebt. Dabei treffen diese Bedrohungen Frauen, und insbesondere Kinder, im Allgemeinen stärker als Männer. Daher müssen wir davon ausgehen, dass Weggehen, wenn es eine Suche nach dem Sicheren Ort ist, etwas Belastendes darstellt. Weitere Traumatisierungen auf dem Migrationsweg oder im Ankunftsland können die erlittenen Verletzungen noch verstärken.

Die Bedeutung einer Sicheren Bindung

Wer das Glück hat, als Kind durch die Feinfühligkeit der eigenen Eltern oder von anderen Bindungspersonen eine sichere Bindung aufbauen zu können, ist später im Leben besser gegen das

Festsetzen von seelischen Verletzungen geschützt. Eine sichere Bindung gilt als wichtigster Schutzfaktor. Beim Entstehen einer sicheren Bindung wird das angepasste und prompte Reagieren der erwachsenen Bezugspersonen auf die Äusserungen und Bedürfnisse des Säuglings als entscheidend angesehen. So haben auch Menschen, die unter traumatischen Bedingungen weggegangen sind, das heisst ihre Heimat verlassen mussten, gute Chancen, dass ihre seelischen Verletzungen heilen und keine oder kaum Narben zurückbleiben.

Ob jemand an einer Traumafolgestörung erkrankt, hängt neben seiner individuellen Resilienz aber auch von der Art und der Anzahl der belastenden Ereignisse ab. Neben der Schwere eines Ereignisses spielt es eine Rolle, ob es sich um einen einzelnen traumatisierenden Vorfall handelt oder ob es um wiederholte seelische Verletzungen geht.

Auch wenn man nicht direkt betroffen ist, sondern Zeugin oder Zeuge einer schlimmen Situation wird, kann dies seelische Verletzungen auslösen. Haben Bindungspersonen, wie zum Beispiel Elternteile, als Täterinnen oder Täter die Verletzungen verursacht, vergrössert dies die Gefahr, dass sich bei Kindern und Jugendlichen das Trauma festsetzt. Wäre der Täter, die Täterin eine unbekannte Person, dann wäre die Gefahr einer Chronifizierung weniger gross. Das ist ein wichtiger Grund, warum häusliche Gewalt sich derart zerstörerisch auf die psychische Gesundheit der nächsten Generation auswirkt.

Vorgänge im Hirn unter Belastung, bildlich dargestellt

Durch bildgebende medizinische Verfahren kennen wir heute hirnorganische Vorgänge gerade auch unter Belastungen recht gut. Eine Problematik ist jedoch, dass wir an dieses Wissen nicht mehr anknüpfen können, wenn wir selbst unter grossem Druck stehen. Sind die Vorgänge jedoch in Bildern gespeichert, gelingt es auch unter Stress, uns daran zu erinnern und unser Handeln danach auszurichten. Als Traumapädagogin ist es mir daher ein grosses Anliegen, die komplexen neurobiologischen Vorgänge bildlich darzustellen. In der Broschüre «Trauma und Schule» habe ich dies gemacht, und so zitiere ich die folgenden Abschnitte daraus:

«Im folgenden Modell steht der Thron als Symbol für die Macht. Wer auf ihm sitzt, der regiert. Im Normalfall hält die Vernunft die Führung inne, hier dargestellt als hellblaues hirnähnliches Gebilde. Es ist mit einer Antenne ausgerüstet, die drohende Gefahren erkennt. Die Antenne ist das Sinnbild für die Amygdala.

Stösst die Antenne nun auf eine Gefahr, so werden blitzschnell neurobiologische Vorgänge ausgelöst, die das Reptilienhirn aktivieren. Das Glöcklein symbolisiert die Ausschüttung von Botenstoffen. Dadurch übernimmt das Reptilienhirn, hier zuerst als schlafendes Echslein, dann als regierende Echse dargestellt, nun neu die Führung und stösst die Vernunft – bildlich gesprochen – vom Thron.

Die Echse hat die Führung übernommen, ihr stehen drei Reaktionsmuster zur Verfügung: Flight, Fight und Freeze.

Regiert nun die Echse, so ist die hohe Geschwindigkeit, mit der sie Entscheidungen treffen kann, ein unschätzbarer Vorteil. Fällt zum Beispiel ein Ast auf uns herunter, so lässt uns das Reptilienhirn intuitiv in die richtige Richtung ausweichen. Der Nachteil ist, dass der Echse nur ein begrenztes Repertoire an Reaktionsmöglichkeiten zur Verfügung steht: Flight, Fight oder Freeze, also Flucht, Kampf oder Erstarren. Beim Beispiel vom fallenden Ast würde es aber auch keine anderen Reaktionen brauchen.

Ist die Gefahr vorbei, so verlässt die Echse wieder den Thron, kuschelt sich zusammen, schläft ein und überlässt der Vernunft wieder die Macht.

Wenn die «Vernunft» regiert, ordnet sie alle Erinnerungen übersichtlich ein.

Seit Zehntausenden von Jahren hat sich dieser Vorgang bei höheren Lebewesen als äusserst erfolgreiche Überlebensstrategie herausgestellt, um Todesgefahren oft erfolgreich zu bewältigen.

Wenn die Vernunft regiert, sortiert und ordnet sie – bildlich gesprochen – Erlebtes in Bücher, damit diese Erinnerungen schnell wieder aufgefunden werden können. Die Vernunft ist eine zuverlässige Bibliothekarin. So hat sie auch jederzeit den Überblick, ob wir uns im ‹Hier und Jetzt› befinden oder ob etwas in die Vergangenheit gehört.

Die «Vernunft» sitzt auf dem Thron und regiert.

Das ist ganz anders, wenn die Echse auf dem Thron sitzt. Sie ordnet kaum etwas ein. War ein Kleinkind beispielsweise durch häusliche Gewalt oder durch lebensgefährliche Vernachlässigung bedroht, sind diese Erinnerungen oft nur zusammenhangslos und bruchstückhaft vorhanden, sie wirbeln

Stösst die Antenne auf eine Gefahr, so wird durch das Glöckchen das Echslein aufgeweckt. Das Glöcklein steht für neurobiologische Vorgänge, die Echse für das Reptilienhirn.

sozusagen als lose Fragmente herum. So stösst die Antenne immer wieder an solche Erinnerungsfetzen und schlägt in Situationen Alarm, in denen objektiv beurteilt gar keine Lebensgefahr droht. Weil die Erinnerungen nicht eingeordnet und durch das Fehlen des Zusammenhangs unverständlich sind, kann nicht erkannt werden, dass es sich um längst Vergangenes handelt. Diese Menschen können dadurch immer wieder in Situationen geraten, in denen sie sich verhalten, als wäre ihr Leben akut bedroht.

In Situationen, bei denen die Echse auf dem Thron sitzt, kann der betreffende Mensch sprachlich kaum erreicht werden. Er kann in diesem Zustand nicht zuhören, nicht lernen, sich nicht mehr erinnern. Darum ist es wichtig, die Echse möglichst schnell wieder zum Schlafen zu bringen. Dafür müssen wir diesen Menschen das Gefühl von Sicherheit vermitteln, sodass die Echse den Thron wieder verlassen kann oder gar nicht aufwacht, da die Antenne in einer sicheren Umgebung weniger sensibel reagiert.

Das Wissen über diese hirnorganischen Vorgänge ist auch für Betroffene hilfreich und kann die seelische Belastung reduzieren. Um diese Abläufe aufzuzeigen, eignet sich beispielsweise das Bilderbuch ‹Lily, Ben und Omid› sehr gut. In diesem Bilderbuch sind psychoedukative Erklärungen bildhaft und leicht verständlich dargestellt. Im pädagogischen Alltag ist somit das Vermitteln von Sicherheit, das Schaffen eines ‹Sicheren Ortes›, zentral im Umgang mit seelisch stark belasteten Menschen.»

Was bedeutet dieses Schaffen von Sicheren Orten für uns im Alltag? Manchmal braucht es gar nicht so viel, einen freundlichen Blick, ein aufmunterndes Lächeln auch für Menschen, die wir noch nicht kennen, weil sie eben angekommen sind.

Der Sichere Ort

Im Café international in Muttenz, dem Treffpunkt für Frauen aus aller Welt, finden Frauen einen Sicheren Ort. Hier dürfen sie von ihren Erlebnissen erzählen. Die Zuhörerinnen vermitteln ihnen Sicherheit, sodass sie auch über Schwieriges sprechen können. Durch das zusätzliche Notieren der Geschichten werden die Frauen beim Zusammenfügen ihrer Geschichten begleitet und ihre Erzählungen werden gewürdigt. Indem die erzählenden Frauen die Akzente und Themen beim Erzählen selbst wählen können, wird ihnen Respekt entgegengebracht und der nötige Schutz und die Autonomie gewährt.

Stelle aus ‹Lily, Ben und Omid›, wo die Antenne einen Fehlalarm auslöst.

Dieses Buchprojekt unterstützt das Zusammenfügen von Erinnerungsfragmenten auf eine sehr wirkungsvolle Art und Weise. Es handelt sich um Biografiearbeit, die nicht nur für jene Frauen wohltuend ist, die erzählen, sondern auch die Zuhörerin inspiriert, ihren eigenen Lebenslinien nachzugehen. So werden Lesende dieser 10 Frauenbiografien zum Zusammenfügen der eigenen biografischen Fragmente eingeladen. Dieses Zusammenfügen kann stabilisierend sein und zur Verarbeitung der eigenen Lebensfragmente beitragen. Dies schafft Sichere Orte und erleichtert daher das Ankommen.

Mit einem traumapädagogischen Ansatz ist es möglich, auch in der Schule das Thema aufzugreifen und Sichere Orte zu schaffen. Die Broschüre «Trauma und Schule» fasst die wichtigsten Themen zur Traumapädagogik und zu Situationen, welche sich in diesem Zusammenhang an Schulen zeigen können, sehr anschaulich und gut verständlich zusammen. Das Bilderbuch «Lily, Ben und Omid» widmet sich ebenfalls dem Sicheren Ort, dazu gehört auch ein Themenkoffer, welcher den Thron, die Vernunft, das Glöcklein, die Echse und weitere Gegenstände aus der Geschichte enthält. Damit können die Vorgänge in der Geschichte und damit die eigentlichen Vorgänge im Gehirn bei belastenden Situationen konkret dargestellt werden.

Diese Materialien eignen sich hervorragend, um sich mit dem Thema der seelischen Verletzungen von Kindern in der Schule auseinanderzusetzen. Es geht hier nicht um die Diagnose und Therapie von Trauma, sondern um einen gut durchdachten pädagogischen Ansatz, wie das Thema mit einer Schulklasse sorgfältig aufgegriffen werden kann. Kindern, welche seelische Verletzungen erlebt haben, kann es helfen, Wege aus ihrer Not zu finden, und Lehrpersonen erhalten einen Zugang, wie sie über schwierige Situationen mit Schülerinnen und Schülern nachdenken und angemessen handeln können. ●

Marianne Herzog ist Fachberaterin und Fachpädagogin Psychotraumatologie SIPT, sie arbeitet als Dozentin und Supervisorin bso in den Bereichen Migration, mentale Gesundheit, Resilienz und legt immer wieder ihren Hauptfokus auf das Schaffen von Sicheren Orten.

Quellen

Herzog, M. (2012, 2023 10. Auflage): Trauma und Schule (Broschüre), Oberhof: Top Support

Herzog, M., Hartmann Wittke, J. (2015, 2023 8. Auflage): Lily, Ben und Omid, Oberhof: Top Support

«Weiterführende Informationen», siehe Anhang ab Seite 162.

Illustrationen: M. Herzog

«In einem durch Migration ausgelösten Orientierungsverlust verliert man leicht auch die Selbstkontrolle.»

Geflohene sind manchmal so seltsam

Anni Lanz

Nie werde ich jene verstörende Nacht in Kairo vergessen. Meine Freundin war schon vor zwei Tagen abgereist, ihr Freund zu seiner Familie zurückgekehrt, um mit ihr den Vorabend zum Ramadan zu feiern. Ich wollte noch in das Restaurant gehen, in welchem wir jeweils so freundlich aufgenommen worden waren. Doch in harschem Ton wurde ich weggeschickt. Man war mit der Vorbereitung des Iftars zu Hause in der Familie beschäftigt. Nirgendwo fand ich ein Taxi, das mich aufnahm, niemand wollte mit mir sprechen, plötzlich war ich die europäische Touristin, eine unerwünschte Niemand.

Ich musste mich hungrig in mein ödes Hotelzimmer zurückziehen und 25 Stunden auf meinen Abflug warten. Ich fühlte mich unendlich fremd, hatte eine Krise, als ob ich meine Sprache und Identität verloren hätte. Es war unmöglich, zu irgendjemandem eine auch nur flüchtige, oberflächliche Beziehung aufzunehmen. Nicht einmal einen erkennenden Blick oder gar ein Lächeln zu erhaschen, lag drin.

Was ich in jenen Stunden durchmachte, ist für neuankommende Geflüchtete ein Dauerzustand. War man zu Hause noch ein geachteter Nachbar, übte einen wichtigen Beruf aus, war unter Freunden und Bekannten als einzigartige Person beliebt, ist das nun alles weg. Spiegelte sich in den alltäglichen Beziehungen meine Identität, meine individuellen Eigenschaften, bin ich als Persönlichkeit plötzlich inexistent. Dies führt zwangsläufig zu einer Identitätskrise, vor allem für die allein Geflüchteten oder die mitfliehenden Angehörigen.

In einem solchen verunsicherten Zustand sich rasch zu integrieren und eine fremde Sprache zu erlernen, ist fast unmöglich. Nur in persönlichen Beziehungen mit Menschen vom Herkunfts- und vom Einreiseland kann ich langsam wieder ein Selbst aufbauen, das mir und meinen Fähigkeiten entspricht. Dazu benötige ich nicht nur flüchtige, oberflächliche, verordnete Beziehungen, sondern tiefe Freundschaften. Menschen, die wissen und spüren wollen, wer ich bin, nicht nur fragen, woher ich komme und weshalb ich gekommen bin. In einem solchen durch Migration ausgelösten Orientierungsverlust verliert man leicht auch die Selbstkontrolle und verhält sich linkisch und «seltsam».

Nicht selten gehen unter solchen Umständen familiäre Beziehungen in Brüche, insbesondere bei später erfolgten Familiennachzügen. Die Ungleichzeitigkeit der neuen Identitätsfindung führt häufig zu Entfremdung zwischen den Familienmitgliedern. Die früher erlebte Vertrautheit stellt sich nicht ein. So manche Ehepaare, Ehefrauen und Mütter sehnen sich über Jahre nach dem vertrauten Beisammensein, das sie, hier angekommen, nicht finden können. Nur schon der Schock, sich im fremden Land nicht zurechtzufinden, kann sich zu einem Trauma entwickeln, ganz abgesehen von allfälligen Gewalterfahrungen auf der Flucht.

Migration erfordert im Ankunftsland eine Empfangskultur, die diesen Verstörungen der Neuankömmlinge Rechnung trägt. Sie kann auch die Empfangenden verunsichern. Interkulturelle Freundschaft braucht Zuwendung, Achtsamkeit und Offenheit von beiden Seiten, denn weder die Einheimischen noch die Aufnahmesuchenden können auf viel Selbstverständlichkeiten, wie wir sie im alltäglichen Umgang gewohnt sind, zurückgreifen. Wenn wir die Verunsicherung ertragen oder sie sogar als Erkenntnisgewinn schätzen, können wir neue Selbstverständlichkeiten und beidseitig ein neues Selbstverständnis aufbauen und daran wachsen.

Während das politische und gesellschaftliche Klima die achtsame Aufnahme von ukrainischen Flüchtlingen innerhalb von privaten Beziehungen ermöglicht hat, ist dies bei den anderen Flüchtlingen nicht der Fall. Diese werden in grossen Sammelunterkünften weggesperrt. Ich erlebe dies zurzeit konkret bei drei mir bekannten minderjährigen Cousins, die zusammen ohne Familie aus Afghanistan hierher geflohen sind. Es war eine Flucht voller Gewalterfahrungen, die ich täglich aus der Ferne mitverfolgte. Als die Jugendlichen schliesslich völlig erschöpft hier ankamen, brachte ich sie ins Bundesasylzentrum, wo sie unterdessen getrennt und an verschiedene Zentren in der halben Schweiz zugeteilt wurden. Seither ist meine Zuwendung zu ihnen im behördlichen Verfahren fehl am Platz. Es gelten andere Regeln.

«Migration erfordert im Ankunftsland eine Empfangskultur, die diesen Verstörungen der Neuankömmlinge Rechnung trägt.»

Ich erfahre sie auch bei unseren Deutschkursen, an denen seit einiger Zeit neu eingereiste Minderjährige nicht mehr teilnehmen dürfen. Diese rigorose Beschlagnahmung von Menschen, ihre Isolierung von anderen Menschen, verdanke ich wohl den Politiker*innen, die Antimigration zu ihrem Wahlschlager machen. Sie fördern Bedingungen, die Geflüchtete krank und verhaltensauffällig machen. Und jeder Geflüchtete, der im öffentlichen Raum auffällt, ist ihnen dann wieder Anlass, ihre politische Brandstiftung zu intensivieren. ●

Anni Lanz ist Soziologin und bezeichnet sich als Menschenrechtsaktivistin. Als Wirtin hat sie 16 Jahre in selbst verwalteten Betrieben gearbeitet. Seit 40 Jahren kämpft sie für Menschen auf der Flucht. Anni Lanz ist Präsidentin des Vereins «Solinetz Basel» und wurde 2022 vom Magazin «Beobachter» mit dem Prix Courage Lifetime Award ausgezeichnet.

«Geflohene sind manchmal so seltsam» erschien erstmals am 11.09.2023 auf bajour.ch im Rahmen der von Anni Lanz verfassten Kolumnenreihe «Auf der Flucht».

«Weiterführende Informationen», siehe Anhang ab Seite 162.

«Das entspricht dem wichtigen Prinzip der Arbeit von Frieda, dass Projekte und Programme immer mit Migrantinnen, nicht für sie gemacht werden.»

Wieder-Ermächtigung beruflich qualifizierter Migrantinnen

Theodora Leite Stampfli

In diesem Beitrag werde ich das langjährige Berufsmentoring-Programm der feministischen Friedensorganisation Frieda – bis 2023 Christlicher Friedensdienst, cfd – vorstellen. Zahlreiche Migrantinnen haben in ihren Herkunftsländern ein Studium absolviert oder eine Ausbildung gemacht. Diese Frauen bringen viele Kompetenzen und Erfahrungen mit, zum Beispiel als Anwältinnen, Mathematikerinnen, Physikerinnen, Bauingenieurinnen oder Ärztinnen und Pflegefachkräfte. Sie suchen hier in der Schweiz Möglichkeiten, sich im Arbeitsmarkt zu vernetzen und zu integrieren. In diesem Programm geht es um die Wieder-Ermächtigung oder das Re-Empowerment der Frauen. Im Folgenden werde ich über die Methoden und Erfahrungen des Kursangebotes berichten.

Ich selbst bin 1994 zu Frieda gekommen, als Teilnehmerin einer Arbeitsgruppe mit Frauen verschiedener Nationalitäten. Wir wurden eingeladen, die Anliegen von Migrantinnen zusammenzutragen, für eine Neuorientierung der Organisation Frieda im Migrationsbereich. Das entsprach dem wichtigen Prinzip der Arbeit von Frieda, dass Projekte und Programme immer mit Migrantinnen, nicht für sie gemacht werden. Die Teilnehmerinnen werden in allen Projektphasen miteinbezogen. Dieser partizipative Ansatz stellt sicher, dass die Bedürfnisse und Ressourcen der Betroffenen berücksichtigt werden und dass sie ihre Fähigkeiten möglichst gut einbringen und sich weiterentwickeln können. Das ist ein Ansatz, der sich explizit distanziert von der paternalistischen Haltung, welche Migrantinnen häufig in ihrem Alltag erleben.

Entwicklung der Vorprojekte

Meine Projektarbeit als Mitarbeiterin im Team von Frieda begann im Jahr 1996. Als eine der Koordinatorinnen war es meine Aufgabe, am Geschehen teilzunehmen, gut zuzuhören und mit den Teilnehmerinnen Projekte entsprechend ihren Bedürfnissen umzusetzen. Seit Anfang 1996 entstanden zwölf verschiedene Projekte mit Migrantinnen, die miteinander verknüpft waren, darunter ab 2007 das Berufsmentoring-Programm, das ich später näher vorstellen werde. Die Projekte entwickelten sich Schritt für Schritt, das erste nannten wir «Wisdonna – Wissenswerkstatt». Frieda/cfd schaffte einen Raum, in dem sich Frauen treffen konnten – so wie am Dorfbrunnen –, um sich auszutauschen zu Fragen wie, was brauche ich, was ist für mich relevant, was möchte ich gerne machen? Anfänglich wollten die Frauen einzig einen Treff zum Plaudern mit Deutsch- und Computerkurs. Nach einem Jahr sagten sie jedoch, sie wollten etwas machen für ihre Töchter. Für sie sei es wichtig, dass ihre Töchter hier in der Schweiz eine Arbeit lernten, um sich wirklich integrieren zu können. Die Forschung bestätigte, dass junge Migrantinnen in der Berufsbildung untervertreten waren, im Gegensatz zu jungen Migranten. Das zweite Projekt hiess «Flying wisniña – Migrantinnen zwischen Schule und Beruf». Es folgten Projekte, deren Thema jeweils Teilnehmerinnen eines früheren Projektes vorgeschlagen hatten. Zum Beispiel arbeiteten wir drei Jahre lang mit Mentorinnen aus der Politik zusammen. Wir besuchten den Gemeinderat, den Stadtrat und das Bundeshaus. Nach Ende eines Projektjahres sagten die Frauen: «Wir möchten nicht aufhören, wir wollen der Gesellschaft zeigen, was wir gemacht haben.» Die Frauen entwickelten dafür selbst Ideen, die wir begleiteten. Sie konzipierten 2014/2015 ein Filmprojekt, mit Unterstützung des damaligen Projekt-Teams, und nannten es «Mitgestalten – Festhalten». Eine Teilnehmerin aus Italien war Regisseurin, sie übernahm die Regie. Dieser Dokumentarfilm heisst «Wir Mitbürgerinnen», er zeigt, wie sich Migrantinnen in Politik, Medien und Gemeinden für das Zusammenleben einsetzen.

Das Projekt unmittelbar vor dem Berufsmentoring-Programm hiess «Combine – Migrantinnen bilanzieren ihre Kompetenzen». Im Verlauf von zehn Monaten wurde eine berufliche Standortbestimmung gemacht. Jede Frau erstellte ihr individuelles Dossier. Das Portfolio wurde jedoch nicht in Einzelberatungen entwickelt, es war immer ein kollektiver Prozess. Eine Frau motivierte die andere. Ich erinnere mich, wie uns immer wieder gesagt wurde, diese beruflichen Vorhaben hätten keine Zukunft, weil es keine gut qualifizierten Migrantinnen gäbe. Zu dieser Zeit entstand eine Zusammenarbeit mit Dr. Yvonne Riaño vom Institut für Geographie der Universität Bern. Sie ging der Frage nach, wieso gut qualifizierte Migrantinnen den Anschluss an die Berufswelt nicht fanden. Für diese Studie vermittelten wir Teilnehmerinnen aus unseren Projekten. Die Forschung zeigte – entgegen dem Vorurteil, wonach Migrantinnen schlecht qualifiziert sind –, dass viele über gute Ausbildungen und Qualifikationen verfügten. Die Nicht-Anerkennung ausländischer Diplome, fehlende Informationen über den schweizerischen Arbeitsmarkt, geringe Kontakte zur Arbeitswelt und zu ebenso qualifizierten Frauen führten dazu, dass Migrantinnen selten eine, ihrer Ausbildung entsprechende, Stelle finden. Eine Empfehlung dieser Studie war die Massnahme, ein Berufsmentoring-Projekt explizit für sie aufzubauen. Die an der Forschung beteiligten Migrantinnen hatten ein solches Angebot ausdrücklich gewünscht.

Aufbau des Berufsmentoring-Programms

Dieses Berufsmentoring-Programm habe ich unter dem Titel «Migrantinnen in den Netzwerken der Arbeitswelt» zusammen mit meiner Kollegin Alicia Gamboa aufgebaut und ab 2007 bis 2023 geleitet. Wir fingen klein an, mit fünf oder sechs Workshops, und von dort entwickelten wir das Programm weiter. Am Ende dauerte ein Zyklus zehn Monate und umfasste verschiedene Weiterbildungsmodule. Pro Monat fand mindestens ein Workshop statt, abends von 18.00 Uhr bis 21.30 Uhr. Zudem trafen sich die Frauen mit ihren individuellen beruflichen Mentorinnen. Zum Abschluss organisierten die Teilnehmerinnen in Gruppenarbeit öffentliche Veranstaltungen als so genannte Werkstattgespräche. Voraussetzung für die Teilnahme am Programm war der Sprachlevel B1/B2. Bei allen Aktivitäten wendeten die Frauen ihre Deutschkenntnisse an: Sie hörten die Sprache, sie lasen, sie sprachen miteinander und schrieben, es war ein intensives Deutschtraining.

Das Berufsmentoring-Programm will einen Beitrag zur wirtschaftlichen und psychosozialen Selbstbefähigung der Frauen leisten, indem sie weniger abhängig werden. Wir unterscheiden zwischen der individuellen und der strukturellen Ebene: Zu den Zielen auf der individuellen Ebene gehört der verbesserte Zugang zu Informationen. Ein weiteres wichtiges Ziel ist, das soziale Kapital wieder aufzubauen. Gemäss dem Soziologen Pierre Bourdieu bedeutet Sozialkapital an meinem eigenen Beispiel aufgezeigt: Als ich in Brasilien studierte, kannte ich viele Leute, die es mir dort ermöglichten, mich in den Arbeitsmarkt zu integrieren. Mein Vater war selbst Anwalt und hatte diese Kontakte, was für mich hilfreich war. Auf der strukturellen Ebene arbeiten wir zielorientiert mit Behörden und weiteren Entscheidungsträger*innen, um die Situation und die Anforderungen, mit denen Migrantinnen konfrontiert sind, sichtbar zu machen und Veränderungen anzustreben. Die Kursabsolventinnen werden dabei unterstützt, sich als Teilnehmende und Teilhabende in der Zivilgesellschaft, in der Wirtschaft und in der Politik zu verorten und einzubringen.

Die vier Elemente des Berufsmentoring

Das erste Element sind 16 verschiedene Weiterbildungsmodule. Innerhalb von zehn Monaten erhalten die Frauen in Workshops Informationen, meistens von externen Fachleuten, zu Fragen wie: Wo kann ich mein Diplom anerkennen lassen? Was bedeutet Re-Empowerment für mich als Ausländerin hier? Wie bewerbe ich mich, wie bereite ich mich für ein Bewerbungsgespräch vor? Wie funktioniert der Arbeitsalltag in der Schweiz? Wie präsentiert sich der Stellenmarkt? Wo stehe ich mit meiner Care-Arbeit im Wirtschaftssystem der Schweiz?

Das zweite Element ist ein Duett: Mentorin und Mentee. Eine berufstätige Frau begleitet eine Mentee zehn Monate lang. Wir haben eine Mentorin mit dem gleichen oder einem ähnlichen Berufsabschluss gesucht. Manche Teilnehmerinnen sagten, sie möchten in ihrem Beruf weiterarbeiten, andere stellten sich eine Alternative vor. Die Mentorin suchten wir immer in dem Berufsfeld, welches die Migrantin vorschlug.

Das dritte Element heisst Werkstattgespräch. Wir teilen die rund zwanzig Teilnehmerinnen in drei Gruppen ein. Jede Gruppe hat die Aufgabe, eine Veranstaltung zu konzipieren, organisieren, durchführen, budgetieren, begleiten, und eine Referentin für ein Thema zu suchen, das mit dem Wiedereinstieg in den Arbeitsmarkt zusammenhängt. Um das organisatorische Vorgehen bewältigen zu können, führen wir vom Projektteam einen Workshop mit Informationen durch. Danach sollen die Frauen ihren Anlass selbstständig organisieren. Am Ende des Projektes, nach zehn Monaten, finden drei öffentliche Veranstaltungen, die so genannten Werkstattgespräche, statt, zu denen jeweils 40 bis 120 Personen kommen. Jede der sieben oder acht Frauen der entsprechenden Vorbereitungsgruppe stellt sich persönlich vor, zum Beispiel: Ich bin Theodora, ich habe in Brasilien studiert, ich suche eine Arbeit als Sozialarbeiterin. Dann führen die Frauen in das von ihnen gewählte Thema ein. Sie stellen u.a. Fragen wie: Welche Hürden erleben qualifizierte Migrant*innen beim Einstieg in den Arbeitsmarkt? Was leistet die Politik für sie? Die Organisatorinnen des Werkstattgesprächs stellen die Referent*innen vor und moderieren den Anlass. Dabei kann es sich um ein Referat mit anschliessendem Austausch, einen Workshop oder eine Podiumsdiskussion handeln. Zum Beispiel referierte eine Parlamentarierin darüber, was die Politik für gut qualifizierte Migrantinnen leistet. Sogar eine «lebendige Bibliothek» wurde bereits organisiert, bei der sich migrierte Frauen vorstellten, die den Weg in eine erfüllende Arbeitsstelle geschafft hatten. Am Ende evaluieren wir diesen Anlass als Projektteam gemeinsam mit den Teilnehmerinnen. Diese durchgeführte Veranstaltung können sie später als praktischen Erfahrungsausweis im Bereich Öffentlichkeitsarbeit und Eventorganisation angeben. Die Werkstattgespräche erlebten die Teilnehmerinnen als ein Highlight des Berufsmentoring.

Nach zehn Jahren führten wir ein viertes Element ein: Seither gehen wir gezielt auf die Privatwirtschaft zu und sensibilisieren die Verantwortlichen für das Potential gut qualifizierter Migrantinnen. Dafür kontaktieren wir kleine, mittlere, grosse Unternehmen und Organisationen wie Gewerkschaften, Serviceclubs sowie Wirtschaftsverbände. Dank einer Unterstützung der Arcas

Foundation konnten wir 2018 eine Person mit einem kleinen Pensum für diese Vernetzungsarbeit anstellen. Sie kontaktierte über 140 Betriebe zur Sensibilisierung und für eine Zusammenarbeit. So erreichten wir über 350 Personen in der Wirtschaft direkt. Wir sind bis heute in Kontakt, einige dieser Firmen nutzten die Zusammenarbeit auch bewusst für den Aufbau ihrer Diversitätskultur. So nehmen wir Einfluss auf ihre Strukturen. Manche Firmen schufen Mentorate, andere boten ständige Praktikumsplätze für unsere Absolventinnen an. Die Firmen profitieren damit für ihr Image auf dem Arbeitsmarkt, für ihre Unternehmenskultur und gleichzeitig durch die Beiträge unserer Absolventinnen. Diese wurden durch die Praktika in ihrem Selbstbewusstsein gestärkt – sie realisierten, dass sie sich gut in die Schweizer Arbeitswelt einfügen konnten und dass ihre Fähigkeiten gefragt waren. Sie fanden anschliessend leichter eine Festanstellung. Bei Bedarf begleiteten wir diese Praktika mit Coaching.

Über die Jahre wurden im Rahmen der Weiterbildungsmodule neue Workshops entwickelt, so aus der Sensibilisierungsarbeit mit der Wirtschaft zum Thema «Strategien für meine Stellensuche in der Schweiz». Die Teilnehmerinnen erhalten u.a. eine Liste mit Links zu Stellenangeboten von über achtzig interessierten Firmen und Institutionen.

Als Organisation Frieda/cfd haben wir schon immer auf der staatlichen Ebene Sensibilisierungsarbeit geleistet. Inzwischen besteht eine gute Zusammenarbeit mit den kantonalen Stellen Berufsinformationszentrum (BIZ) und Regionale Arbeitsvermittlung (RAV) sowie dem Sozialdienst. Eine Beraterin aus dem BIZ kommt jeweils an einem Abend zu Frieda für das Weiterbildungsmodul «Wie kann ich meine ausländischen Diplome anerkennen lassen?» Die Verantwortlichen wissen über unser Programm Bescheid und empfehlen qualifizierten Migrantinnen unser Berufsmentoring. Das war nicht immer so. Bei den staatlichen Stellen bekamen die Frauen wiederholt zu hören: «Gehen Sie putzen, das ist besser für Sie.» Oder ein Berater sagte zu einer Teilnehmerin aus Japan, er würde sie mit ihren kleinen Händen in der Uhrenindustrie sehen, das wäre ideal für sie.

«Ein grundlegendes Prinzip der von Frieda/cfd entwickelten Kurse ist das Peergruppen-Konzept. Wir arbeiten mit einer Gruppendynamik, in der sich die Teilnehmerinnen gegenseitig motivieren. Wenn eine niedergeschlagen ist, sagt eine andere – hey, aufstehen!»

Nicht alle Angebote für die Zusammenarbeit mit den Behörden lassen sich umsetzen. So haben wir einen Sensibilisierungs-Workshop für Mitarbeitende konzipiert, dessen Massnahmen darauf abzielen, gendersstereotype und ethnisierende Berufsvorschläge, die unter dem Qualifikationsniveau der Migrantin liegen, zu vermeiden. Die Mitarbeitenden sollten Instrumente erhalten, eine ressourcenorientierte Beratung anbieten zu können, bei der sie ihre Klientinnen gezielt unterstützen und ihnen neue Wege skizzieren. Damit könnten bestehende Potenziale erfolgreicher genutzt werden. Leider liess sich dieses Modul nicht durchführen, da das Interesse seitens der Behörden zwar vorhanden war, jedoch ihre zeitlichen Ressourcen fehlten.

Ein grundlegendes Prinzip der von Frieda/cfd entwickelten Kurse ist das Peergruppen-Konzept. Wir arbeiten mit einer Gruppendynamik, in der sich die Teilnehmerinnen gegenseitig motivieren. Wenn eine niedergeschlagen ist, sagt eine andere – hey, aufstehen! Zum Beispiel: Eine Frau erzählt den Kolleginnen: «Ich habe eine Einladung zu einem Bewerbungsgespräch bekommen», alle sagen, ah, und geben Tipps: «Jetzt musst du das anschauen oder dies machen ...». Es entsteht im Kurs durch den Austausch die Ermutigung, proaktiv zu werden. Eine türkische Pflegefachfrau wurde zum Beispiel vom Sozialamt aufgefordert, ihr Diplom anerkennen zu lassen. Sie ging jedoch direkt zu einem Altersheim und fragte, ob sie als Einstieg unbezahlt arbeiten könne. Sie trug ein Kopftuch, hatte sich persönlich vorgestellt, und die Leiterin sagte, okay. Im Altersheim erkannten sie: Wir haben ein Juwel hier. Sie wurde angestellt, das Altersheim übernahm sogar die Kosten für die Anerkennung ihres Pflege-Diplomes durch das Rote Kreuz. Diese Frau hatte neben ihrem mutigen Vorgehen auch das Glück, eine gute Arbeitgeberin gefunden zu haben.

Ich will nicht romantisieren, denn zwischen den Kursabsolventinnen kommt es selbstverständlich auch zu Meinungsverschiedenheiten und gegenseitigem Unverständnis. Es gibt Frauen aus der EU, aus der EFTA, andere aus Drittstaaten, Frauen mit oder ohne Fluchterfahrung. Unter Frauen derselben Region oder mit demselben Einwanderungsgrund bestehen zudem verschiedene Lebensrealitäten. Wir erleben Intersektionalität – das Zusammenwirken mehrfacher Benachteiligung aufgrund von Merkmalen wie sexueller Orientierung, Aufenthaltsstatus, Religion oder Hautfarbe – in jedem Programmzyklus. Manchmal diskutieren wir heftig, bis wir sagen: «Solange wir hier in diesem Raum, in diesem Projekt sind, arbeiten wir zusammen. Wir sitzen im selben Boot!» Frieda arbeitet mit einem weiten positiven Friedensbegriff, der alle Formen von Gewalt, Ausschluss und Diskriminierung umfasst. Mit dieser Haltung will Frieda nicht nur vor Diskriminierung schützen, sondern auch aktiv Antirassismus und politische Gleichstellung fördern.

Übergabe der Postulate im März 2023

Was bewirkt das Berufsmentoring?

In der Mitte und am Ende des Kursjahres machen wir je eine interne Evaluation über den Kurs, im folgenden Jahr kontaktieren wir die Frauen erneut zweimal. 2022 untersuchte die Fachhochschule Nordwestschweiz das Programm nach Ablauf von fünfzehn Jahren. Diese einmalige, externe Evaluation zeigte auf, dass 114 der 316 Teilnehmerinnen im Anschluss eine Stelle gefunden hatten und 74 Frauen einen Praktikumsplatz.

Manche Frauen fanden während des Projektes bereits eine Stelle, wollten allerdings im Programm weitermachen, um alle Informationen zu erhalten. Andere sagten, ich kann nicht mehr, weil sie mit dem Haushalt und der neuen Arbeitsstelle sehr ausgelastet waren. Es gab Frauen, die am Ende des Projektes eine Stelle in ihrem Bereich fanden. Wieder andere wussten, dass sie sich in eine neue berufliche Richtung weiterentwickeln wollten. Es gab auch Frauen, die bis zum Ende des Jahres noch keine Arbeit gefunden hatten. Sie konnten mit ihren Fragen weiter zu uns kommen, wir sind da! Viele sagten nachher, es war so viel Information, ich brauchte Zeit, bis ich alles verdaut hatte. Die meisten dieser Frauen suchten später selbstständig eine Arbeit, bei der sie ihr Deutsch verbessern konnten. Sie blieben weniger zu Hause und schlossen vermehrt Kontakte. Andere machten eine Weiterbildung, weil die Mentorin ihnen empfohlen hatte, ihr Wissen zu vertiefen. So hatte eine Biochemikerin sich im Bereich Ernährungsberatung qualifiziert und arbeitet jetzt in diesem Beruf. Eine junge Informatikerin hatte drei kleine Kinder, das jüngste war erst 18 Monate alt. Diese Frau hat gekämpft, bis sie einen Job fand und zu Hause besser von ihrem Mann unterstützt wurde. Heute hat sie es geschafft.

Wir bleiben mit den Frauen in Kontakt. So organisiert Frieda politische Aktionen mit interessierten Teilnehmerinnen, sei es am 8. März, dem Internationalen Tag der Frau, am nationalen Frauenstreiktag oder bei der Aktion «16 Tage gegen Gewalt an Frauen.» Aus dem Modul zu Wirtschaftskompetenz und Carearbeit sind drei politische Vorstösse entstanden, die am 30. März 2023 im Berner Stadtrat eingereicht und am 2. Mai 2024 für erheblich erklärt wurden. Dort erläuterten die Migrantinnen, was sie brauchen: mehr bezahlte Deutschkurse für gut Qualifizierte und besser zugängliche, einheitliche Informationen zur Anerkennung von Diplomen. Andere Forderungen entsprachen denjenigen einheimischer Frauen, zum Beispiel mehr bezahlbare Kinderbetreuungsplätze.

Sorgearbeit, auch Care-Arbeit genannt, wird weltweit traditionell gratis von Frauen geleistet. Wenn jemand sagt: «Sie sind ja nur Hausfrau!», geht es um die Reproduktion von uns Menschen, dazu gehören die Betreuung von Kindern und Betagten, gesundheitliche Unterstützung, das Zuhören und Ermutigen, alle Art von Hausarbeit etc. Die Teilnehmerinnen des Berufsmentoring-Programms erkannten im Modul «Wirtschaftskompetenz», was alles von Frauen zu Hause geleistet wird und wie das die Basis für das Funktionieren der kapitalistischen Gesellschaft sichert. Care-Arbeit wird auch bezahlt angeboten, aber die Löhne sind häufig prekär. Viele dieser Arbeiten in Spitälern, in der Gastronomie oder im Detailhandel werden von Migrant*innen geleistet, für uns alle. In der Pandemiezeit wurde plötzlich sichtbar, wie relevant diese Arbeit ist. Und da war diese Erkenntnis, als eine Kursabsolventin eine Präsentation über Freiwilligenarbeit machte. Sie stellte fest, Migrantinnen sollten ständig Gratisarbeit leisten. Doch die Menschen müssen Miete bezahlen und wollen von ihrer Arbeit leben können! In diesem Zusammenhang konnten wir über die Bedeutung der Sozialversicherungen sprechen und auch über die Sorge für mich selbst (self care).

«Alle Frauen, die den Weg zu Frieda gefunden haben, tragen schon einen enormen Rucksack bei sich. Daher betone ich immer wieder: Was wir hier machen, ist ein Re-Empowerment, eine Wieder-Ermächtigung.»

Das Nachfolgeprogramm «Mira – Kompass»

Gut erprobte Projekte sollten sich weiterverbreiten, das ist in der Regel eine Bedingung bei Projektfinanzierungen vom Bund, wie dem Eidgenössischen Gleichstellungsbüro (EGB) oder dem Staatssekretariat für Migration (SEM). Auch beim Berufsmentoring-Programm erfolgte dieser Transfer: Das SEM hat ein Förderprogramm entwickelt für die ganze Schweiz, nicht nur für Frauen. Frieda gilt als Referenz für alle, die ein Mentoringprojekt aufbauen wollen. Auch mit Fachstellen verschiedener Kantone findet ein Austausch über unsere Erfahrungen statt. Das Hilfswerk der Evangelischen Kirchen (HEKS) bietet qualifizierten Migrant*innen Unterstützung, in der Deutschschweiz heisst das Projekt «MosaiQ», in Lausanne «Découvrir».

Nach der externen Evaluation haben wir das Projekt weiterentwickelt. Es heisst jetzt «Mira – Kompass»: Wir arbeiten mit den Elementen weiter, die sich bewährt haben, berücksichtigen jedoch stärker die strukturelle Gewalt und Diskriminierung von Migrantinnen im Arbeitsmarkt. Wir bieten neue Workshops zu rechtlich und sozialversicherungstechnisch relevanten Rahmenbedingungen an, u.a. bezüglich häuslicher Gewalt, intersektionaler Diskriminierung und Migrationsrecht. Zusätzlich wollen wir die Zusammenarbeit mit der Privatwirtschaft vertiefen. Schliesslich möchten wir mehr das Thema Care hervorheben, damit die Frauen ihre Situation realistisch einschätzen, die Sorge für sich selbst als Kraftquelle erleben und diese weiter mobilisieren können.

Alle Frauen, die den Weg zu Frieda gefunden haben, tragen schon einen enormen Rucksack bei sich. Daher betone ich immer wieder: Was wir hier machen, ist ein Re-Empowerment, eine Wieder-Ermächtigung. Beim ersten Einführungskurs, dem Startanlass, wenn die Frauen zu uns kommen, erzählen sie, wie sie überall hören «Nein!» «Nein, das schaffst du nicht – nein, das geht so nicht – nein, das kannst du nicht ...» Wir sehen, wie sie das verinnerlicht haben. In den darauffolgenden zehn Monaten sammeln sie so viel Wissen und Erfahrungen, dass sie anschliessend wieder auf ihren eigenen Füssen stehen können. Bei den öffentlichen Werkstattgesprächen vor viel Publikum sind die Absolventinnen die Darstellerinnen, die Protagonistinnen, die Verantwortlichen. Sie haben die Referentinnen eingeladen und moderieren die Veranstaltung – da kommt das Selbstwertgefühl zurück: «Doch, ich kann das machen!» ●

Theodora Leite Stampfli, Studium der Rechts-
wissenschaften. In der Schweiz Ausbildung
zur Erwachsenenbildnerin. In Brasilien Arbeit
in Projekten der Gassenarbeit, u.a. zur Ge-
waltprävention unter Strassenkindern und
Alphabetisierung von Erwachsenen. Nach
ihrer Migration in die Schweiz beschäftigte
sich Theodora Leite Stampfli intensiv mit
den Themen Migration und Gender. 1994 war
sie Mitbegründerin des brasilianischen
Frauenvereins «Grupo Atitude» in Bern. Bei
Frieda (ehemals cfd) arbeitet sie als Programmverantwortliche Migrationspolitik.
Des Weiteren ist sie Mitglied verschiedener
gesellschaftspolitischer Gremien, die sich
mit Menschenhandel, Gewalt gegen Frauen,
Altersfragen und Migration befassen.

Dieser Beitrag beruht auf einem Gespräch mit
Theodora Leite Stampfli, zusammengefasst und
redigiert von Heike Wach (Herausgeberin). Das
erwähnte Weiterbildungsmodul zu Wirtschaftskompetenz leitet Heike Wach gemeinsam mit
Annemarie Sancar, sie haben es für WIDE
Switzerland entwickelt.

Fotografie: © Daniel Stampfli anlässlich der Übergabe
der Postulate 2023

Mehr zur Organisation Frieda, Links zu den erwähnten
Postulaten sowie «Weiterführende Informationen»,
siehe Anhang ab Seite 162.

«Es ist mir ein grosses Anliegen, all jenen eine Stimme zu geben, die in unserer Gesellschaft und in der Politik zu wenig gehört werden.»

Mit kreativer Energie und Leichtigkeit die Schweiz mitgestalten

Ylfete Fanaj

Es sind über 30 Jahre vergangen, seit ich in die Schweiz gekommen bin. An einen Ort, den ich nicht kannte und an dem ich niemanden verstand. Wie die meisten Kinder grübelte ich nicht darüber nach, sondern lebte im Hier und Jetzt. Ich war einfach ein Kind und ich wollte dazugehören. Nur war das nicht immer selbstverständlich möglich.

Ein paar Jahre später, als Jugendliche, als ich zwischen den vielen Fragen der Identitätssuche und Selbstfindung 200 Bewerbungen schrieb, war es ähnlich. Was für andere gute Schüler*innen ganz selbstverständlich war – eine Lehrstelle zu finden –, war es für mich nicht. Ich setzte mir das Ziel, weiterzumachen, bis ich eine fand.

Irgendwann war ich volljährig und durfte in der Lehre im Staatskundeunterricht zwar über Initiativen und Abstimmungen mitdiskutieren, aber an der Urne schliesslich doch nicht mitentscheiden. Das war der Moment, in dem ich entschied, mich auf anderem Weg einzubringen.

Ich wollte einen grösseren Beitrag leisten, Dinge in Bewegung bringen. Ich gründete mit Gleichgesinnten Vereine und arbeitete in Vorständen mit. Gemeinsam Projekte und Initiativen zu lancieren, hat mir stets grossen Spass gemacht. Klar sind wir immer mal wieder gescheitert, und das war auch schmerzhaft. Aber es hat mich persönlich und inhaltlich weitergebracht, und ich habe vor allem auch viele Menschen kennengelernt, deren Freundschaften ich bis heute schätze.

Meine Engagements und meine Ausbildung zur Sozialarbeiterin haben mich mit den verschiedensten Menschen zusammengeführt. Mit der Zeit realisierte ich, dass es ganz viele Menschen mit ähnlichen Erfahrungen und Geschichten gibt. Ich war nicht alleine mit meinen Schwierigkeiten bei der Lehrstellensuche oder der plötzlichen Erkenntnis, bei politischen Weichenstellungen nicht mitbestimmen zu können. Wir waren viele. Wir leisteten unseren Beitrag. Und wir wollten nicht länger

> «Das gesellschaftliche und politische System der Schweiz bietet eine Vielzahl an Möglichkeiten zur Mitgestaltung und Mitsprache.»

hinnehmen, dass im Rahmen manchmal auch verletzender politischer Debatten über uns geredet und geurteilt wurde. Wir wollten mitreden, die Deutungshoheit über uns zurückgewinnen. Und wir merkten, dass wir zusammen mehr bewirken können. Also engagierten wir uns politisch. Als junge Menschen mit und ohne Schweizer Pass, Seite an Seite.

Das Zusammengehörigkeitsgefühl, das sich dabei entwickelte, war stärkend. Wir konnten unsere Erfahrungen und Erlebnisse teilen und manchmal auch darüber lachen. Das hat uns Leichtigkeit und kreative Energie im Umgang mit herausfordernden Situationen gegeben. Unser Ziel war es, Lösungen und Verständnis zu finden.

Wir wollten das Selbstverständnis der Schweiz als Einwanderungsland prägen. Aufzeigen, dass in der Schweiz sehr viele Menschen leben, die vielleicht keinen Schweizer Pass haben, aber sehr wohl einen wesentlichen Beitrag leisten und dafür Anerkennung verdienen. Es war eine emotional herausfordernde Zeit.

Immer wieder um Selbstverständlichkeiten kämpfen, sich erklären und verteidigen zu müssen, ist kräftezehrend und kostet viel Zeit und Mühe. Es ist wichtig, dabei die wirklich relevanten Fragen nicht aus den Augen zu verlieren.

Heute bin ich Regierungsrätin des Kantons Luzern und stehe dem Justiz- und Sicherheitsdepartement vor. Es ist mir ein grosses Anliegen, all jenen eine Stimme zu geben, die in unserer Gesellschaft und in der Politik zu wenig gehört werden. Menschen, für die Teilhabe keine Selbstverständlichkeit ist. Ich lege Wert darauf, diese Menschen mit ihren Herausforderungen und Bedürfnissen mitzudenken und diese Aspekte in die Entscheidungsfindung einzubringen. Es ist unsere Aufgabe, für gute Rahmenbedingungen und faire Entwicklungschancen für alle zu sorgen.

Mein Weg zeigt: Das gesellschaftliche und politische System der Schweiz bietet eine Vielzahl an Möglichkeiten zur Mitgestaltung und Mitsprache, auch ohne Einbürgerung. Das scheint mir sehr

> «Und wir merkten, dass wir zusammen mehr bewirken können.»

wichtig. Denn zur Schaffung eines Umfelds, in dem sich alle Menschen entfalten und ihre Talente einbringen können, braucht es die Stimme aller, unabhängig von Geschlecht, Alter, Überzeugungen, Herkunft und Staatsbürgerschaften.

Gleichwohl schreibt das Gesetz für die uneingeschränkte politische Mitbestimmung aktuell das Schweizer Bürgerrecht vor. Diese Türe gilt es aufzustossen. Der Weg lohnt sich! Je mehr Menschen mit Migrationsgeschichte ihn gehen, sich politisch engagieren, als Vorbilder sichtbar werden, ihre Perspektiven und Anliegen direkt einbringen und Ämter bekleiden, desto schneller wird dies zur Selbstverständlichkeit. Und so werden auch unsere Parlamente zu echten Abbildern unserer Gesellschaft. ●

Ylfete Fanaj wurde 1982 in Prizren (Kosovo) geboren und folgte ihren Eltern im Alter von neun Jahren in die Schweiz. Nach einer Lehre als Kauf-frau machte sie berufsbegleitend die Berufsmatura und studierte an der Hochschule Luzern Soziale Arbeit. Sie engagierte sich in zahlreichen sozialen Vereinen, wie zum Beispiel dem Luzerner Verein für die Interessen der Sexarbeitenden LISA oder dem Coachingprojekt für Junge Erwachsene «planC». Ylfete Fanaj war 12 Jahre lang Mitglied des Kantonsrats, bevor sie 2023 zur Regierungsrätin des Kantons Luzern gewählt wurde. Sie lebt mit ihrem Mann und ihrem Sohn in der Stadt Luzern.

Dieser Text beruht auf einer Rede von Ylfete Fanaj am 3. Mai 2024. Sie sprach am Vernetzungsanlass von «ici. gemeinsam hier.», einem Förderprogramm des gesellschaftlichen Engagements der Migros. Zielpublikum waren Personen, die sich in migrantischen Projekten einsetzen.

Mehr zu Ylfete Fanaj:
https://ylfetefanaj.ch/ueber-mich/

Migrant*innenparlament Kanton Luzern:
https://www.mip-luzern.ch/

«Weiterführende Informationen», siehe Anhang ab Seite 162.

Anhang

Weiterführende Informationen und Publikationen

Hier wird eine Auswahl von Publikationen, Anlaufstellen, Webseiten und Medien vorgestellt, die im Zusammenhang mit der Erstellung dieses Buches relevante Informationen beinhalten. Im Folgenden werden Migrationsgeschichten, Hintergrundinformationen, Organisationen/Angebote sowie Gesetzestexte aufgeführt. Alle Links in diesem Buch wurden am 30.11.2024 aufgerufen und somit geprüft.

Migrationsgeschichten

Ackermann Tina: **Frauen auf der Flucht – Wer sie sind und was sie erlebt haben**, Rotpunkt Verlag Zürich, 2022

Ambrosi Rosanna: **Tra due culture. Otto ritratti di donne italiane in Svizzera – Zwischen zwei Kulturen.** Acht Porträts von Italienerinnen in der Schweiz, Hibiscus Press Zürich, 2004

bajour: **Es hat noch nie jemand freiwillig das Paradies verlassen** – Interview mit dem Schweizer Autor Ralph Tharayil zu seinen Debütroman **«Nimm die Alpen weg»** - über Integration, Assimilation und das Ankommen in der Schweiz als Kind, 2023, https://bajour.ch/a/esther-schneider-interviewt-ralph-tharayil-zu-nimm-die-alpen-weg

Baumberger Christa (Hg.): **Migration Memories** – Fundbüro für Erinnerungen, Dokumentation der gleichnamigen Ausstellung in der Galerie Litar, 8. März bis 4. Mai 2024, Edition Litar 04, 2024

Beobachtungsstelle für Asyl- und Ausländerrecht Ostschweiz und Solidaritätsnetz Ostschweiz (Hg.): **Mutter, mach dir keine Sorgen, das ist eine ganz andere Welt** – Unbegleitete minderjährige Asylsuchende in der Schweiz erzählen, Limmat Verlag Zürich, 2021

Brežná Irena: **Die undankbare Fremde**, Galiani, 2012

Burke Fork, Diarra Myriam, Schutzbach Franziska (Hg.): **I Will Be Different Every Time** – Schwarze Frauen in Biel, verlag die brotsuppe, 2020

Dirscherl Reingard: **Tägliches Befremden**, Kurzgeschichten, Weber Verlag, 2020

GGG Migration: **Z'Basel deheim – 24 Migrationsgeschichten**, ein Adventskalender anlässlich des Internationalen Tages der Migration, 2019, https://www.ggg-migration.ch/24geschichten/

Grüter Irene: **SRF Radio-Produktion: Wer putzt die Schweiz?** 2021. Die Autorin begleitet fünf Menschen bei ihrer Arbeit, die täglich gemacht, aber wenig wahrgenommen wird: https://www.hoerspielundfeature.de/wer-putzt-die-schweiz-100.html

Ingold Marianne und Saladin Barbara: **Baselbieterinnen – 33 Portraits**, Verlag Baselland, 2022

Lehmann Anita, Theurer Laurie, Hayoz Katie: **50 Migrationsgeschichten die du kennen solltest**, Bergli Books, 2023

Liebendörfer Helen: Geschichte mit **Portraits von Muttenzer Frauen** https://www.heimatkunde-muttenz.ch/geschichte/muttenzer-frauen-im-19-und-20-jahrhundert, in Anlehnung an das Portrait von Leena Walder-Katajasaari

Musée imaginaire des migrations (MIM) ist ein Museum ohne Wände und eine Plattform für Migrationsgeschichten, die für alle offen steht. **Sammlung realer Lebens- und Migrationsgeschichten**: https://www.mimsuisse.ch/

Pletscher Marianne und Bachmann Marc: **Wer putzt die Schweiz?** Migrationsgeschichten mit Stolz und Sprühwischer, Limmat Verlag Zürich, 2022

Sans-Papiers-Kollektive Basel: **Von der Kraft des Durchhaltens** – Sans-Papiers erzählen ihre Wirklichkeit, edition 8 Zürich, 2023

SRF – Schweizer Radio und Fernsehen: Dokumentation **Migrantinnen und Migranten in der Schweizer Politik** – Der Wille zum Mitgestalten, 2015, https://www.youtube.com/watch?v=0p3PV-HWRf8

SRF Rundschau: **Wegen Dealern und Rassisten: Migrantinnen wollen in die Politik,** 2024, Portraits von Alima Casadei-Diouf (SVP) und Adèle Villiger (SP), während ihres Wahlkampfes für den Basler Grossen Rat: https://www.srf.ch/play/tv/rundschau/video/wegen-dealern-und-rassisten-migrantinnen-wollen-in-die-politik?urn=urn:srf:video:dde795b7-31f0-4682-9c17-c2eaff1bbf28

Surprise Magazin: **In Kenia Lehrerin, in der Schweiz selbständig** – Wie viele qualifizierte Migrant*innen fand Lucy Oyubo keine Arbeit, als sie in die Schweiz kam, Januar 2024, https://surprise.ngo/strassenmagazin/in-kenia-lehrerin-in-der-schweiz-selbstaendig/

Surprise Magazin: **Portraits von 32 Frauen anlässlich des Frauenstreiks**, 2023, https://surprise.ngo/magazine/551-feministischer-streik-unser-leben/

Von Kaenel Nicole und Tiercy Jean-François: **Migration – Voix de Femmes** – Ein Buch und eine Ausstellung der Association Belles Pages mit Portraits von zehn Frauen sowie ausgewählten Hintergrundinformationen zu den entsprechenden Ländern, 2022, https://migration-voix-de-femmes.ch

Publikationen mit Hintergrundinformationen

Achermann Christin, Borrelli Lisa Marie, Kurt Stefanie, Niragire Nirere Doris, Pfirter Luca: **Was geschieht, wenn sich Migrationskontrolle und Sozialhilfe verschränken**, National Center of Competence in Research – The Migration Mobility Nexus – kurz und bündig #23, 2022, https://nccr-onthemove.ch/knowledge-transfer/policy-briefs-kurz-und-bundig/was-geschieht-wenn-sich-migrationskontrolle-und-sozialhilfe-verschranken/

Adrario Claudia: **Schritte Eindrücke Wege durch die Welt / durchs soziale Basel**, Schwabe Verlag Basel, 2016

Berthoud Carole: **Dequalifiziert! Das ungenutzte Wissen von Migrantinnen und Migranten in der Schweiz – Broschüre mit 13 Porträts**, die konkrete Beispiele des beruflichen Werdegangs dequalifizierter Migrantinnen und Migranten in der Schweiz zeigen, 2012: https://www.migesplus.ch/publikationen/dequalifiziert-das-ungenutzte-wissen-von-migrantinnen-und-migranten-in-der

Casulleras Marta: **Die «zweite Haut» der Migration** – Prozesse der Differenzierung in der Selbst-Erfahrung von Migrantinnen in Basel – Bachelorarbeit eingereicht am Institut für Sozialanthropologie, Universität Bern, 2024

EKM - Eidgenössische Kommission für Migrationsfragen: **Ordentlich einbürgern in der Schweiz** – die Auswirkungen des neuen Bürgerrechtsgesetzes des Bundes und Wege zu einem inklusiveren System der Einbürgerung, 2024a, https://www.ekm.admin.ch/dam/ekm/de/data/politische-beratung/studien/ordentliche-einbuergerung.pdf.download.pdf/ordentliche-einbuergerung-d.pdf

EKM - Eidgenössische Kommission für Migrationsfragen: **Migrantinnen in der Schweiz: Situation, Leistung und Potential**, 2019, https://www.ekm.admin.ch/dam/ekm/de/data/politische-beratung/studien/migrantinnen-situation.pdf.download.pdf/migrantinnen-situation-d.pdf

El Maawi Rahel, Owzar Mani, Bur Tilo, Attoun Sherin: **No to Racism** – Grundlagen für eine rassismuskritische Schulkultur, hep Verlag AG, Bern, 2022

Falk Francesca: **Gender Innovation and Migration in Switzerland**, 2019, https://www.springer.com/de/book/9783030016258 mit Webseite zum Thema **Migration und Gleichberechtigung**: https://geschichtedergegenwart.ch/migration-und-gleichberechtigung/ und **Oral History Archiv**: https://oral-history-archiv.ch/

Gertsch Christoph: **Im toten Winkel** – Der Bundesrat will «die Illegalität in der Schweiz weniger attraktiv» halten. Wie aber leben die Menschen die das betrifft? Das Magazin, Nr. 26, 29. Juni 2024

Glover Anja Nunyola: **Was ich dir nicht sage**, Eigenverlag, 2024, Auseinandersetzung mit ihrer persönlichen Geschichte und den Strukturen von Rassismus

Herzog Marianne: **Trauma und Schule**, Oberhof: Top Support, 2012, 2023 10. Auflage. Aktueller Link zu Publikationen und Youtube Videos in verschiedenen Sprachen, https://www.marianneherzog.com/publikationen/

HEKS - Hilfswerk der Evangelischen Kirchen Schweiz: **Stellungnahme zur Verknüpfung von Sozialhilfe mit Aufenthaltsrecht**, 2023, https://www.heks.ch/medien/nun-ist-der-staenderat-gefordert-gegen-armut-fuer-inklusion

Hochschule Luzern, Forschungsprojekt: **Von Ballsport bis Schneefall: So klingt die Schweiz in den Ohren von Geflüchteten** – Audio-Collagen von 13 jungen Migrantinnen und Migranten, 2022, https://news.hslu.ch/ohren-auf-reisen/

Humanrights.ch: Human Rights News, **Bürgerrecht als Menschenrecht**, 17. Juni 2024, https://www.humanrights.ch/de/news/buergerrecht-menschenrecht

INES - Institut Neue Schweiz: **Argumentarium für ein neues Bürgerrecht**, 2024, https://ines.rokfor.ch/asset/422/3617/INES_Argumentarium_Inhalt_online_DE.pdf?backend=true

INES - Institut Neue Schweiz: **Frag mich, wo ich zu Hause bin** – Migrantinnen und Migranten berichten von ihren Erfahrungen und Herausforderungen in der Schule, 2014, https://www.ines-schulgeschichten.ch/ Diese Geschichten können für den Unterricht mit Jugendlichen oder für Fortbildungen von Lehrpersonen eingesetzt werden

Kaya Bülent und Bischoff Tobias: **Der Beitrag von Personen mit Migrationshintergrund zur Freiwilligenarbeit in der Schweiz**, Schweizerisches Rotes Kreuz Bern, 2021, https://www.migesplus.ch/publikationen/migration-und-freiwilligenarbeit

Lanz Anni: Verschiedene **Kolumnen zum Thema Flucht und Migration** im Online-Magazin bajour, 2023, https://bajour.ch/author/anni-lanz

Liechti Lena und Schärrer Markus: **Anstellungsbedingungen im Bereich der privaten Sprach-, Aus- und Weiterbildungen**, Büro für Arbeits- und Sozialpolitische Studien BASS AG, 2020, https://www.buerobass.ch/fileadmin/Files/2020/Unia_2020_Schlussbericht_Privatschulen.pdf

Migrationsgeschichte.ch: **Darstellung der Schweizer Migrationsgeschichte seit 1848**, für Lehrpersonen stehen vorbereitete Unterrichtssequenzen und vielfältige Materialien für den Gebrauch im Unterricht bereit: https://migrationsgeschichte.ch/

Piñeiro Esteban, Kurt Stefanie, Mey Eva und Streckeisen Peter (Hg.): **Soziale Arbeit und Integrationspolitik in der Schweiz – Professionelle Positionsbestimmungen**, Seismo Verlag, Sozialwissenschaften und Gesellschaftsfragen AG Zürich und Genf, 2023, Open Access: https://www.seismoverlag.ch/de/daten/soziale-arbeit-und-integrationspolitik-in-der-schweiz/

Riaño Yvonne und Baghdadi Nadia: **Unbekannte Migrantinnen in der Schweiz** – Studie zu qualifizierten Frauen aus Lateinamerika, dem Nahen und Mittleren Osten und Südosteuropa, 2006, in: Widerspruch 51, Migration, Integration und Menschenrechte, S. 43-51, https://core.ac.uk/reader/33053950

SRF-Audio: **Fabienne bekommt die Wohnung eher als Shpresa – und den Job**, Gespräch mit der Soziologin Denise Efionayi über die erste Grundlagenstudie zu strukturellem Rassismus in der Schweiz, 2023, https://www.srf.ch/kultur/gesellschaft-religion/grundlagenstudie-zu-rassismus-fabienne-bekommt-die-wohnung-eher-als-shpresa-und-den-job

SRF-Audio: **Migration und Emanzipation** – Gespräch mit Historikerin und Migrationsforscherin Francesca Falk, 2021, https://www.srf.ch/kultur/migration-und-emanzipation-wie-migrantinnen-die-schweizer-frauenrechte-vorantrieben

SWI Swissinfo (in 10 Sprachen): Serie «Inklusion –Demokratieprinzip mit Löchern», 2023, https://www.swissinfo.ch/ger/politik/jugendparlamente-wo-sich-junge-politisch-selbst-ermaechtigen/48416712

Terra Cognita – Schweizer Zeitschrift zu Integration und Migration No 39, 2022: **Soziale Sicherheit in der Migrationsgesellschaft Schweiz**, https://www.terra-cognita.ch/de/ausgaben/

Terra Cognita – Schweizer Zeitschrift zu Integration und Migration No 33, 2018: **Staatsangehörigkeit, politische Rechte und Möglichkeiten der Partizipation**, https://www.terra-cognita.ch/de/ausgaben/

Trevisan Amina: **Depression und Biographie** – Krankheitserfahrungen migrierter Frauen in der Schweiz, 2020, https://www.transcript-verlag.de/978-3-8376-5079-2/depression-und-biographie/

Vital Roman: **LIFE IN PARADISE – Illegale in der Nachbarschaft**, Film, 2013, https://www.swissfilms.ch/de/movie/life-in-paradise-illegale-in-der-nachbarschaft/19D3467849D8400C9A2E1B5246769BF3

WIDE Switzerland: **Switzerland Care-free?** Einblicke in vier Schauplätze der Care-Ökonomie: Haushalt, Gesundheits- und Pflegewesen, globalisierter Care-Arbeitsmarkt und Staats-finanzen, 2013, http://wide-switzerland.ch/wp-content/uploads/2016/10/wide_switzerland_care-free_d_2013.pdf

Witte Katharina: **Versteh mich nicht zu schnell – achtsames Arbeiten mit geflüchteten Menschen**, Springer Verlag, 2018

Organisationen / Angebote

Migrantische Stimmen

baba news ist ein unabhängiges Online-Magazin, das aus dem Inneren einer multi-ethnischen Community in der Schweiz berichtet: https://www.babanews.ch/

Flüchtlingsparlament im Rahmen des NCBI-Projektes «Unsere Stimmen»: https://www.ncbi.ch/de/unsere-stimmen/ oder https://flüchtlingsparlament-schweiz.ch/

Institut Neue Schweiz – INES: Think & Act Tank mit Migrationsvordergrund. INES entwickelt Projekte, die auf transformative Weise Fragen der Migration, Vielfalt und Teilhabe in der Schweiz behandeln: https://institutneueschweiz.ch/

Lucify.ch ist eine partizipative und interaktive Onlineplattform, welche Informationen und Unterhaltung bietet. Sie ist mehrsprachig, inter-kulturell und bringt eine weibliche, internationale Perspektive in die schweizerische Medienland-schaft: https://www.lucify.ch

Migrant*innenparlament Kanton Luzern: https://www.mip-luzern.ch/

Migrant*innensession beider Basel, koordiniert vom **Verein Mitstimme**: https://www.mitstimme.ch/

Radio X ist ein Medienunternehmen, welches aus Basel in der Schweiz ein Programm der Vielfalt sendet: https://radiox.ch
In der Sendung **Citoyen X** setzen sich Migrant*innen mit der Schweizer Politik ausein-ander und erhalten somit eine öffentliche Stim-me, zum Nachhören: https://radiox.ch/hoeren/themen/citoyen-x.html

Weiter Schreiben Schweiz ist ein Literaturportal für Autor*innen im Exil: https://weiterschreiben-schweiz.jetzt/

Weitere Zivilgesellschaftliche Organisationen

Amnesty International Schweiz: Informationen, Grundlagen und Begriffe: https://www.amnesty.ch/de/themen/asyl-und-migration/zahlen-fakten-und-hintergruende/zahlen-fakten-und-hintergruende

Café International – Treffpunkt für Frauen aus aller Welt in Muttenz: Ein Engagement des Frauenvereins Muttenz mit verschiedenen Projekten: https://www.frauenverein-muttenz.ch/engagement.html

Capacity: Ursprünglich ein Programm zur Förderung von selbstständiger Erwerbstätigkeit für Migrantinnen, heute mit breiterem Portfolio in Zürich: https://www.capacity.swiss/de/

Crescenda: Berufstraining (Gastronomie, Hauswirtschaft und Pflege) sowie Unternehmensgründung für Migrantinnen, unter anderem Genossenschaften für Reinigung und Hauswirtschaft in Basel: https://www.crescenda.ch/

Demokratie-Initiative – Für ein modernes Bürgerrecht mit Hintergrundinformationen: https://demokratie-volksinitiative.ch/initiative/

Frauensession Schweiz: https://de.alliancef.ch/frauensession

Frieda, die feministische Friedensorganisation mit dem Themenbereich Migrationspolitik: https://www.frieda.org/de/topics/migrations-politik – Bestellung der DVD «Wir Mitbürgerinnen»: info@frieda.org

HEKS – Hilfswerk der evangelischen Kirchen Schweiz: **MosaiQ** – berufliches Integrationsprogramm für Migrant*innen in der Deutschschweiz: https://www.heks.ch/inklusion/heks-mosaiq
In der Westschweiz: **Association Découvrir**: L'intégration professionnelle des femmes et personnes migrantes qualifiées en Suisse Romande: http://www.associationdecouvrir.ch/

Die **Koordinationsstelle Freiwillige für Flüchtlinge (KOFFF) Basel** vermittelt und koordiniert freiwillige Kontaktpersonen an asylsuchende und geflüchtete Personen in Basel-Stadt und hilft beim Vernetzen von Projekten und Organisationen im Asyl- und Migrationsbereich im Raum Basel: https://www.fff-basel.ch/

MigesPlus ist ein Portal mit mehrsprachigen Informationen zu Gesundheit und Leben in der Schweiz. Möglichkeiten zur Unterstützung bei der Entwicklung von Beiträgen: https://www.migesplus.ch/themen/migesmedia-medien-der-migrationsbevoelkerung

Die **Schweizerische Flüchtlingshilfe** setzt sich für Geflüchtete ein und hat auf der Webseite vielfältige Informationen wie Factsheets zu Herkunftsländern, juristische Themenpapiere, Positionen und ein Handbuch zum Asyl- und Wegweisungsverfahren: https://www.fluechtlingshilfe.ch/

Schweizerische Beobachtungsstelle für Asyl und Ausländerrecht: Dokumentation von Fällen und Hintergrundinformationen: https://beobachtungsstelle.ch

Solidaritätsnetz Region Basel unterstützt Personen in Notlagen, die keine Hilfsangebote beanspruchen können, und setzt sich für ihre Menschenwürde ein: https://solinetzbasel.ch/

Das **Sprachmobil** ist eine mobile Sprachschule in der Region Basel, welche zudem ein Programm zur Schulung von Menschen mit Fluchthintergrund zu Sprachbegleiter*innen: https://sprachmobil.ch/

Verein Miteinander Valzeina: Auf der Webseite befinden sich zahlreiche Informationen unter dem Stichwort «Medienberichte», unter anderem der Verweis auf den Film von Roman Vital (2013): LIFE IN PARADISE – Illegale in der Nachbarschaft: https://www.vmv.ch/

WIDE Switzerland setzt sich mit Care-Ökonomie auseinander sowie mit Wirtschafts-, Sozial- und Entwicklungspolitik aus feministischer Sicht. Im Rahmen der AG Economic Literacy führt WIDE Switzerland Kurse mit Migrantinnen durch: https://wide-switzerland.ch/de/aktivit%C3%A4t/economic-literacy/

zRächtCho NWCH: Beratung und Coaching für die berufliche und soziale Integration von Geflüchteten in der Nordwestschweiz: https://www.zraechtcho.ch/

Staatliche Angebote / Informationsportale

Anerkennung von Diplomen: https://www.recognition.swiss/de/

Arbeiten in der Schweiz für Ausländer*innen: https://www.berufsberatung.ch/dyn/show/9192

Schweizerisches Informationsportal der **Berufs-, Studien- und Laufbahnberatung:** https://www.berufsberatung.ch/

Eidgenössische Migrationskommission (EKM) mit zahlreichen Berichten, Studien und Stellungnahmen zu migrationspolitischen Themen und als Referenz zu Fragen von politischen Rechten

Kantone Basel-Landschaft / Basel-Stadt: **Mehrsprachige Informationen zum Ankommen und Leben in Baselland:** https://www.hallo-baselland.ch/ und Basel-Stadt: https://www.hallo-baselstadt.ch/

Bundesamt für Justiz (BJ): **Opferhilfe als gesetzlicher Anspruch,** deshalb gibt es in allen Kantonen Beratungsstellen: https://www.bj.admin.ch/bj/de/home/gesellschaft/opferhilfe.html

Politische Partizipation der Migrationsbevölkerung in Basel Stadt, Zusammenstellung der Möglichkeiten: https://www.bs.ch/pd/gleichstellung-und-diversitaet/integration/partizipation

Politische Mitwirkung Jugend: Plattform für Kinder- und Jugendpolitik Schweiz: https://www.kinderjugendpolitik.ch/, Eidgenössische Jugendsession: https://www.jugendsession.ch/de/, Dachverband Schweizer Jugendparlamente: https://dsj.ch/jugendparlamente/, Unterstützung von Jugendparlamenten auf Ebene der Gemeinden: https://www.in-comune.ch/in-comune/partizipation/methoden/kinder-und-jugendparlamente.php

Staatssekretariat für Wirtschaft (SECO): Arbeit.Swiss - Informationen Informationen zum Arbeiten und Leben in der Schweiz: https://www.arbeit.swiss/secoalv/de/home/menue/stellensuchende/berufliche-mobilitaet-in-der-eu-efta---eures/leben-und-arbeiten-in-der-schweiz.html

Gesetzliche Grundlagen und staatliche Umsetzung

Eidgenössisches **Ausländer- und Integrationsgesetz,** AIG: https://www.fedlex.admin.ch/eli/cc/2007/758/de

Staatssekretariat für Migration (SEM) des Bundes: Informationen bezüglich der Sprachanforderungen für die Erteilung von Aufenthaltsbewilligungen und die Einbürgerung: https://www.sem.admin.ch/sem/de/home/integration-einbuergerung/mein-beitrag/zugewandert/sprache.html

Fedlex Publikationsplattform des Bundesrechts: **Einschränkungen für Reisen ins Ausland und Anpassungen des Status der vorläufigen Aufnahme** – Änderung vom 17. Dezember 2021: https://www.fedlex.admin.ch/eli/oc/2024/188/de

Kanton Basel-Landschaft: Amt für Migration und Bürgerrecht, https://www.baselland.ch/politik-und-behorden/direktionen/sicherheitsdirektion/amt_fuer_migration mit **Merkblättern hinsichtlich der Anforderungen für Aufenthaltsgenehmigungen** und Einbürgerungen entsprechend Klassifizierung (EU/EFTA/Drittstaaten):

https://www.baselland.ch/politik-und-behor-den/direktionen/sicherheitsdirektion/amt_fuer_migration/merkblaetter/merkblaetter

EKM (2024b): **Stellungnahme** der fünf ausser-parlamentarischen Kommissionen für Familien-, Kinder- und Jugend-, Migrations-, Frauen- und Rassismusfragen, EKFF, EKKJ, EKM, EKF und EKR **Kein Verbot von Familiennachzug für vorläufig Aufgenommene:** https://www.ekm.admin.ch/ekm/de/home/politische-beratung/stellungnahmen/2024-11-15.html

Fachbereich Integration des Kantons Basel-Landschaft im Amt für Migration und Bürger-recht: https://www.baselland.ch/politik-und-behorden/direktionen/sicherheitsdirektion/amt_fuer_migration/integration

Kantonale Integrationsprogramme, Basel-Land-schaft: Hier werden grundlegende Prinzipien der Integration vorgestellt mit Hinweis auf weitere Institutionen und Dokumente: https://www.baselland.ch/politik-und-behorden/direktionen/sicherheitsdirektion/amt_fuer_migration/integration/inhalt-1, siehe auch Land-ratsvorlage Kantonales Integrationsprogramm KIP3 (vom 28. März 2023): https://baselland.talus.ch/de/dokumente/geschaeft/43bdd7221e144c7b927d6736bd883566-332

Landratsbeschluss vom 20. Mai 2021 betreffend kantonales Integrationsprogramm 2bis (2022-2023); Ausgabenbewilligung: https://baselland.talus.ch/de/dokumente/geschaeft/4c0533b2dd7a440787eaa3c398780623-332
Abstimmungsergebnis vom 28. November: https://abstimmungen.bl.ch/vote/landratsbe-schluss-vom-20-mai-2021-betreffend-kanton-ales-integrationsprogramm-2bis-2022-2023-ausgabenbewilligung/districts

Postulate von Frieda für den Berner Stadtrat

Deutschkurse auch für qualifizierte Migrant*innen fördern: https://ris.bern.ch/Geschaeft.aspx?obj_guid=54661474048c482489811f02f390a001

Bekanntmachung von bestehenden Angeboten und Projekten für qualifizierte Migrant*innen: https://ris.bern.ch/Geschaeft.aspx?obj_guid=8a6cdcc54ab24b69a200c4adb2859273

Anreizsysteme für Migrant*innen zur Erleichte-rung des Einstiegs in den Arbeitsmarkt der Stadt Bern: https://ris.bern.ch/Geschaeft.aspx?obj_guid=9f9e735f6cc648fb80c0facfe66ac6e0

Nachwort

Interviews zu führen, gehörte als ehemalige Radiojournalistin zu meinem Beruf. Bei der Mitarbeit an diesem Buch erlebte ich das Zuhören als besonders eindrücklich. Die Frauen erzählten, wie sie ihre Wurzeln ausrissen, um in fremder Erde wieder Wurzeln zu bilden, wenn möglich. Heike Wach, Herausgeberin des Buches, hatte als Initiantin vom Café International bei den Treffen mit den Frauen von deren Lebenswegen bereits erfahren. Mir war wenig davon bekannt. Was uns beiden bewusst war: dass durch Erinnerungen tiefer Schmerz plötzlich an die Oberfläche gelangen kann. Wir fragten behutsam. Wenn mir das Nachfragen nötig schien, suchte ich nach einem Umweg. Zum Beispiel, als Margarita nur kurz antönte, wie sie mit ihren Kindern Hals über Kopf ihre Wohnung hatte verlassen müssen, wollte ich wissen, ob ihr jemand in jener schwierigen Zeit beigestanden hätte. Was Margarita daraufhin von ihrer Freundin in ihrem Portrait erzählt, ist kostbares und exemplarisches Zeugnis für eine solidarische Beziehung. Als Roza vorschlug, das Gespräch ausserhalb ihrer Wohnung zu führen, fehlte mir der persönliche Bezug zu ihrer privaten Umgebung. Ich bat sie, einen Gegenstand mitzubringen, der ihr viel bedeute. So kam «mein Fluchtfreund» in ihre Geschichte. Jede Frau entschied, preiszugeben, was sie wollte. Durch die Portraits zieht sich als roter Faden, wie sich jede Frau mit ihren Gedanken selber ermutigt, wie sie sich damit stärkt und so zu ihrem Handeln gelangt, sei es, den grossen Schritt des Weggehens zu machen, sei es, im Neuland nicht aufzugeben, sich auf jeden Tag einzulassen.

Die Migrantinnen berichten mit den erworbenen Wörtern, die ihnen zur Verfügung stehen. Ihre Muttersprache bleibt unausgesprochen. Ich litt mit, wenn sie ihre sprachliche Einschränkung beklagten, gehört doch Sprache zu unserem individuellen, direkten Ausdrucksvermögen. Auch um eine Arbeitsstelle zu finden, benötigen die Frauen die neue Sprache, zentrales Thema für die meisten von ihnen, denn sie wollen ihre finanzielle Unabhängigkeit erreichen. Jeder Frau mit ihrem Gesagten gerecht zu werden, waren Anspruch und gleichzeitig Herausforderung bei der Redaktion der Portraits. Wie wir uns bemühten, ihren Aussagen treu zu bleiben, beschreibt Heike Wach in der Einleitung.

Dank diesen Begegnungen habe ich Einblicke in Frauen- und Familiengeschichten erhalten, in Schmerz und Hoffnung, in strukturelle Barrieren, in Hilfsbereitschaft sowie in Erkenntnisse von Fachpersonen, die sich im zweiten Teil des Buches äussern. Die Einblicke brachten mich zum Nachdenken über die Schweiz als Einwanderungsland, über Flucht mit dem obersten Bedürfnis nach Sicherheit, über die existentielle Suche nach Arbeit, über Liebe oder Abenteuerlust und vieles mehr, was Migration beinhaltet. Meine Gedanken führten mich zu Fragen zu mir, zu meinem Verständnis und meiner Haltung in der Begegnung mit Menschen, die hier angekommen sind, aus der Fremde. Roza meint dazu aus ihrer Perspektive: «Alle sind wir Menschen. Es ist mir wichtig, nicht rassistisch zu handeln.» Und Liudmyla sagt: «Es ist mir wichtig zu zeigen, dass wir ganz unterschiedliche, normale Menschen sind, um Vorurteile und Stereotype abzubauen.»

Ich wünsche diesem Buch Leser*innen von jung bis alt, aus den verschiedensten Bereichen! Die Lebensgeschichten aus Frauensicht und die ergänzenden Fachartikel halten eine Fülle von Anregungen bereit, für Begegnungen mit migrierten Menschen im Alltag und für das Knüpfen von Beziehungen im Hier und Jetzt.

Cécile Speitel

Dank

Dieses Buch ist in erster Linie ein Werk von Freiwilligenarbeit.

Der allererste, grosse Dank gebührt euch Frauen:
Grède Lionelle Pembe Mavoungou, Liudmyla Rybalko,
Leena Walder-Katajasaari, Margarita Gonzales Roca Krattiger,
Margot Merk, Mekdes Yilma Belehu, Nilgün Özdal, Roza Monlaali
und Sarah Kanagaritnam. Dank eurem Entschluss, von eurem
Leben zu erzählen, um Menschen an euren Erfahrungen teilhaben
zu lassen, und dank eurer Offenheit und Bereitschaft, den Entstehungsprozess des jeweiligen Portraits mit uns Redaktorinnen zu
gestalten, ist dieses Buch entstanden.

Wir danken der Regierungsrätin Ylfete Fanaj, Kanton Luzern,
der Fachpädagogin Psychotraumatologie Marianne Herzog,
der Menschenrechtsaktivistin Anni Lanz sowie Theodora
Leite Stampfli, Programmverantwortliche Migrationspolitik
bei Frieda, für ihre Beiträge. Das darin vermittelte Fachwissen,
verbunden mit persönlichen Erfahrungen, erweitert die notwendige Sicht auf das Thema Migration. Dazu zählt auch das
Zitat von Irena Brežná, das die Autorin uns dankenswerter
Weise zur Verfügung gestellt hat.

Unser Dank gilt allen genannten und ungenannten Personen
für die hilfreiche Durchsicht der Texte und die zugewandte Unter-
stützung mit Kommentaren, Fragen, Anregungen und Ermutigung:
Marta Casulleras, Gabriella Del Fabbro, Isi Fink von Heeren,
Simone Hardt, Peter Hartmann, Anna Jungen, Karlo Krattiger,
Christina Klausener, Ueli Mäder, Ursula Metzger, Barbara Perkinzl,
Esteban Piñeiro, Marcel Schraner, Traudel Seufert, Gertrud Stiehle.

Als Herausgeberin danke ich Cécile Speitel für ihren unermüdlichen, hartnäckigen und gründlichen Einsatz bei der Konzepterstellung, den Interviews und der gemeinsamen Redaktionsarbeit. Diese fruchtbare Zusammenarbeit fand über den gesamten Zeitraum von vier Jahren statt.

Brigitte Frey gilt unser Dank für das wertvolle, unverzichtbare Korrektorat.

Unser Dank geht an Barbara Perkinzl für die Gestaltung des Umschlags und ihre Idee, die portraitierten Frauen mit ihren Worten und Schriftzügen einzubeziehen.

Den Auftrag für das Konzept und Layout des Buchinhaltes erteilten wir der Grafikerin Gianna Burghartz. Wir danken ihr für die ideenreichen Vorschläge und den konstruktiven Austausch.

Für die Finanzierung der Kosten von Grafik, Druck und Werbung bedanken wir uns für die wertvollen Beiträge von Behörden und Institutionen: Einwohnergemeinde Muttenz, Stiftung Interfeminas, Migros Kulturprozent, Stiftung für Erforschung der Frauenarbeit, Spendenparlament Basel, Swisslos Fonds Basel-Landschaft, Bürgergemeinde Muttenz, Frauenverein Muttenz

Kurzbiografien

Heike Wach, *Herausgeberin*

Haushalts- und Ernährungswissen-
schaftlerin, MA Gender and
Development, Erfahrungen in der
Entwicklungszusammenarbeit.
Genderberaterin, u.a. mit Lehrauftra-
gen, Familien-Managerin, mit Partner
und zwei Söhnen. 40 Jahre persönliche
Migrationserfahrung in den Ländern
Grossbritannien, Benin und der Schweiz.
Koordinatorin der AG «Economic
Literacy» bei WIDE Switzerland.
Gründerin und Koordinatorin des
«Café International», des Treffpunkts
für Frauen aus aller Welt in Muttenz.
Initiantin des vorliegenden Buch-
projektes.

www.progender.ch

Cécile Speitel, *Mitarbeit*

Lic. phil., Journalistin, Redaktorin und
Moderatorin bei Radio DRS/SRF, Kultur/
Gesellschaft (1975-1998). Erste
Beauftragte für Chancengleichheit an
der Universität Basel (1998-2001).
Anschliessend Co-Leiterin von
«Halt-Gewalt», Interventionsstelle
gegen häusliche Gewalt Kanton Basel-
Stadt. Mutter von zwei Töchtern und
Grossmutter. Als Seniorin aktiv in der
Kulturvermittlung und in Projekten,
u.a. im Team «Dorfplatz BURGWeg»,
Basler Treffpunkt für Geflüchtete
zum Deutschlernen.

www.cecile-speitel.ch

Impressum

Copyright © 2025 Heike Wach
1. Auflage 2025

Texte und Redaktion
Heike Wach, Cécile Speitel

Essays
Ylfete Fanaj, Marianne Herzog,
Anni Lanz, Theodora Leite Stampfli

Bilder
Portraits: zur Verfügung gestellt
Essays: © Daniel Stampfli, © Marianne Herzog

Korrektorat: Brigitte Frey
Die Portraits widerspiegeln die Sprachgewohn-
heiten der Frauen. Von der Redaktion verfasste
Texte sind geschlechtergerecht formuliert, ent-
sprechend der aktuellen Diskussion und dem
Stand der Entwicklung.

Layout Inhalt: Gianna Burghartz
Gestaltung Umschlag: Barbara Perkinzl

Verlag: BoD · Books on Demand GmbH,
In de Tarpen 42, 22848 Norderstedt, bod@bod.de
Druck: Libri Plureos GmbH, Friedensallee 273,
22763 Hamburg

ISBN: 978-3-7693-0737-5

Das Buch kann auch als
E-Book erworben werden:
https://buchshop.bod.ch

Textnachweis
Irena Brežná: Die undankbare Fremde, Galiani,
2012, Zitat Seite 7

Anni Lanz, Geflohene sind manchmal so
seltsam, 11.09.2023, aus der Bajour.ch
Kolumnenreihe «Auf der Flucht» von Anni Lanz.
https://bajour.ch/author/anni-lanz
(abgerufen 30.11.2024)

Portraits dank Mitarbeit von
Grède Lionelle Pembe Mavoungou,
Liudmyla Rybalko, Leena Walder-Katajasaari,
Margarita Gonzales Roca Krattiger, Margot Merk,
Mekdes Yilma Belehu, Nilgün Özdal,
Roza Monlaali und Sarah Kanagaritnam.